W0082988

KROATIEN

Covermotiv: Blick auf die Altstadt von Dubrovnik, die „Perle der Adria", die seit 1979 zum Weltkulturerbe der UNESCO zählt.

Foto S. 4: Obst- und Gemüsestand in Vir. Vor allem im Sommer ist das Angebot auf Kroatiens Märkten verlockend.

© KOMET Verlag GmbH, Köln
www.komet-verlag.de
Gesamtherstellung: KOMET Verlag GmbH, Köln
Produktion: red.sign GbR, Stuttgart

ISBN 978-3-89836-850-6

Birgit Gläser

KROATIEN

Einleitung

Natur- und Nationalparks
Kroatien ist mit Naturschätzen reich gesegnet – zu den schönsten Natur- und Nationalparks zählen Ljonsko Polje, Kopački Rit, Brijuni, Kornati, Krka, Mljet, Paklenica, Nördlicher Velebit, Plitvice und Risnjak im Hinterland von Rijeka. In einigen im Binnenland liegenden Nationalparks ist der europäische Braunbär wieder heimisch geworden. Der muntere Petz wiegt im Durchschnitt zwischen 100 und 150 kg und hält einen dreimonatigen Winterschlaf.

Vorherige Doppelseite: Blick auf Dubrovnik, die „Perle der Adria", mit seinen hervorragend erhaltenen Befestigungsanlagen

Die Erkenntnis, dass es sich bei Kroatien um ein Urlaubsparadies handelt, ist nicht neu – schon in den 1970er- und 1980er-Jahren zählte die damals jugoslawische Teilrepublik zu den Lieblingszielen westdeutscher Urlauber. Mit VW-Bus und Zelt ging es im Sommer zu den bevorzugten Zielen in Istrien und an der dalmatinischen Küste. Dass es in Kroatien nur wenige Sandstrände gibt, störte weder damals noch heute: Das kristallklare Wasser, die verschwiegenen Buchten, zahllosen Inseln und wildromantischen Küstenabschnitte boten hierfür reiche Entschädigung.

Wer vor rund 30 Jahren entspannte Urlaubstage in Kroatien verbrachte, konnte nicht ahnen, dass hier in den 1990er-Jahren ein erbitterter Krieg ausbrechen und das Land in seinen Grundfesten erschüttern würde. Erst vor knapp zehn Jahren wagten sich die ersten Touristen in die inzwischen unabhängige Republik Kroatien zurück. Dass der Tourismus mittlerweile wieder zum Wachstumsmotor geworden ist, kann angesichts der Natur- und Kulturschätze, mit denen Kroatien überreich gesegnet ist, kaum überraschen.

Ganz gleich, ob einem der Sinn nach einem erholsamen Badeurlaub steht oder ob man lieber Wandern, Klettern, Kanufahren, Segeln oder auf den Spuren von Römern, Byzantinern, kroatischen Königen, Venezianern oder Habsburgern wandeln möchte – in Kroatien kommt jeder auf seine Kosten. Wasserfreunde finden an der Küste paradiesische Bedingungen zum Sonnenbaden, Schwimmen und Schnorcheln. Für Segler stellt die kroatische Inselwelt ein Revier dar, in dem keine Langeweile aufkommt. Mit dem Boot lassen sich Buchten und Strände erkunden, die fernab vom Massentourismus liegen; nicht ohne Grund haben die Kroaten in den letzten Jahren kräftig in den Ausbau ihrer Marinas und Charterflotten investiert.

Doch so reizvoll die Küstenregion auch sein mag – es wäre schade, hierüber die National- und Naturparks im Landesinneren zu vernachlässigen. Weit über die Grenzen Kroatiens bekannt sind die Plitvicer Seen, wo in den 1960er-Jahren viele Szenen der berühmten

Winnetou-Filme gedreht worden sind. Im Krka-Nationalpark findet man Wasserfälle, die über 17 Kaskaden 45 m in die Tiefe stürzen und zu den schönsten Europas zählen. Vogelfreunde haben in den Feuchtgebieten an Donau, Drau und Save Gelegenheit, Reiher, Kormorane und mit viel Glück Goldadler und Wanderfalken zu beobachten. Und in den Bergen und Wäldern Kroatiens sind neben rund 600 Braunbären auch so seltene Säugetiere wie Luchs und Wolf heimisch.

Wen bei so viel Natur die Sehnsucht nach der Zivilisation überkommt, erkundet die bezaubernden Küstenstädte und Fischerdörfer an der Adria – beispielsweise das nicht weit von Split entfernte Trogir, dessen hervorragend erhaltene Altstadt mit Gebäuden aus dem 13. bis 17. Jh. zum Weltkulturerbe der UNESCO zählt. Bei einem Bummel durch die von Bürgerhäusern, Palästen und Gotteshäusern gesäumten Gassen erwacht die bewegte Geschichte Kroatiens zu neuem Leben.

Verarbeiten lässt sich die Fülle neuer Eindrücke am besten in einem der malerischen Cafés am Hauptplatz gleich neben der Kathedrale, wo bestens für das leibliche Wohl gesorgt wird.

Die Altstadt von Trogir wurde 1997 als UNESCO-Weltkulturerbe ausgewiesen – ebenso wie die historischen Zentren von Split (1979) und Dubrovnik (1979).

Nächste Doppelseite: Das religiöse Leben spielt in Kroatien nach wie vor eine nicht unwichtige Rolle, wie diese auf einem Berg im dalmatinischen Hinterland zelebrierte Frühmesse zeigt.

DAS LAND

Fläche: 56 542 km²
Einwohnerzahl: ca. 4 443 000 (Stand 2005)
Bevölkerungsdichte: 79 Einwohner pro km²
Geografische Regionen: Adriatischer
Küstensaum (Istrien, Kvarner, Dalmatien),
Dinarisches Gebirge (Hochkroatien),
Pannonisches Becken (Niederkroatien)
Hauptstadt: Zagreb (ca. 779 150 Einwohner)
Höchster Berg: Dinara (1831 m)
Längste Flüsse: Save (562 km) und Drau (505 km)
Küstenlänge: 5835 km (mit den Inseln)
Anzahl der Inseln: 1185 (weniger als 100 bewohnt)
Klima: mediterran an der Küste,
gemäßigt kontinental im Landesinneren
Amtssprache: Kroatisch

Wichtigste Einkommensquelle:
Dienstleistungssektor
Staatsform: Parlamentarisch-demokratische
Republik mit Mehrparteiensystem
Währung: 1 Kuna = 100 Lipa

WICHTIGE DATEN FÜR REISENDE

Botschaft der Republik Kroatien
Ahornstraße 4
D-10787 Berlin
Tel.: 030 21 91 55 14
E-Mail: info@kroatische.botschaft.de

Botschaft der Bundesrepublik Deutschland
Ulica Grada Vukovara 64
HR-10000 Zagreb
Tel.: (00385 1) 630 01 00
Fax: (00385 1) 615 55 36
E-Mail: deutsche.botschaft.zagreb@inet.hr
www.deutschebotschaft-zagreb.hr

Kroatische Zentrale für Tourismus
Rumfordstraße 7
D-80469 München
Tel.: 089 22 33 44
Fax: 089 22 33 77
E-Mail: kroatien-tourismus@t-online.de
www.kroatien.hr

Linke Seite: Südlich vom Paklenica-Nationalpark bahnt sich der Zrmanja-Fluss seinen Weg zum Meer. Er durchquert auf seiner gesamten Länge ein unwirtliches Karstgebiet. Sein Unterlauf wird oft als Grenze zwischen dem kroatischen Küstenland im Norden und Dalmatien im Süden betrachtet.

Geschichte und Architektur

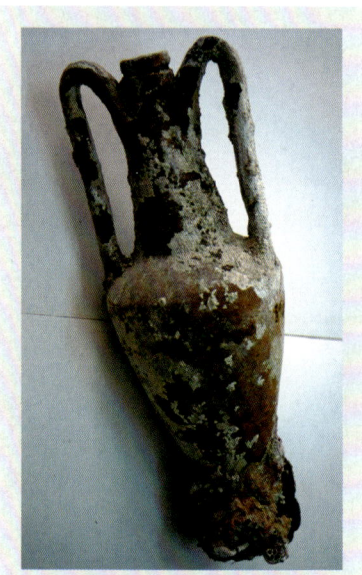

Auf Spurensuche in Istrien
Kroatien ist mit archäologischen Funden, anhand derer sich die bewegte Geschichte des Landes rekonstruieren lässt, reich gesegnet. In Pula, der ältesten Stadt an der östlichen Adria, gibt das Archäologische Museum Istriens Aufschluss über die Vergangenheit, die häufig von Kriegs- und Eroberungszügen gekennzeichnet war. Wenn man durch die Ausstellung schlendert und sich von der prähistorischen Zeit über Antike, Spätantike, Völkerwanderungszeit und Mittelalter bis unsere Tage vorarbeitet, gewinnt man einen lebendigen Eindruck von den kulturellen Einflüssen, die in Kroatien aufeinander geprallt sind.

ZWISCHEN ORIENT UND OKZIDENT

Aufgrund seiner geografischen Lage zwischen Mitteleuropa, Mittelmeer und Orient hatte Kroatien von jeher die Funktion einer Drehscheibe, über die verschiedenste kulturelle Einflüsse ausgetauscht wurden. Über Jahrtausende hinweg weckte das Land die Begehrlichkeiten der Herrscher im Südwesten, Norden und Südosten. Der häufige und rasche Machtwechsel im kroatischen Raum bescherte dem Land neben Leid, politischer Unsicherheit und zahllosen Kriegs- und Eroberungszügen jedoch auch eine Fülle unterschiedlichster kultureller Baudenkmäler, die heute Touristen aus aller Herren Länder in ihren Bann ziehen und teilweise unter dem Schutz der UNESCO stehen.

Nach Jahrhunderten der Fremdherrschaft sind die Kroaten seit 1991 unabhängig und orientieren sich politisch seit einigen Jahren klar in Richtung der internationalen Staatengemeinschaft. Der in den 1990er-Jahren nach Jahrzehnten einer trügerischen Ruhe neu entflammte Bürgerkrieg ist inzwischen beigelegt; die Touristen sind nach Kroatien zurückgekehrt und treiben die wirtschaftliche Entwicklung des Landes voran. Und obwohl die Wunden des Bürgerkriegs tief gehen und noch lange nicht verheilt sind, blicken die Kroaten voller Optimismus in eine Zukunft, die wesentlich durch die kulturellen Schätze und die herrlichen National- und Naturparks ihres Heimatlands mitbestimmt werden dürfte.

ILLYRISCHE BIS RÖMISCHE ZEIT

Im ersten vorchristlichen Jahrtausend war der kroatische Raum fest in den Händen illyrischer Stämme, zu denen Histrer, Liburner und Dalmater gehören. Zu dem für sie typischen Erbe zählen die Fluchtburgen (Gradine), von denen man allein in Istrien etwa 400 findet. Dass sich die Illyrer bereits auf die Bearbeitung von Bronze und Eisen verstanden, zeigen ihre verzierten Waffen und Schmuckgegenstände.

Im 4. Jh. v. Chr. drangen die Griechen in das Gebiet der Illyrer vor und gründeten Kolonien und Handelsniederlassungen im heutigen Dalmatien. Obwohl sich Griechen und Illyrer teilweise heftige Kämpfe lieferten, ging eine wirkliche Bedrohung der illyrischen Zivilisation erst von den Römern aus, die ab dem 2. Jh. v. Chr. massiv ins Land drängten. Die Römer sahen sich in Illyrien mit einem überaus heftigen, über viele Jahrzehnte anhaltenden Widerstand konfrontiert. Erst im Jahr 14 v. Chr. gelang es den römischen Invasoren, das gesamte illyrische Territorium zu besetzen. In der Folgezeit gründeten die Römer Städte, überzogen die Region mit Landhäusern, den Villae Rusticae, bauten die Infrastruktur aus und schufen Bauwerke, die noch heute Bewunderung erregen – so etwa das berühmte Amphitheater von Pula (Istrien).

Das sechstgrößte noch erhaltene Amphitheater der Welt steht nicht etwa in Italien, sondern in der Stadt Pula auf der Halbinsel Istrien – ein unumstößlicher Beweis für die Präsenz der Römer im kroatischen Raum. In der imposanten Arena fanden bis zu 23 000 Zuschauer Platz, die das mitunter blutrünstige Geschehen gebannt verfolgten.

Zum Hauptsitz der neuen Herren entwickelten sich die dalmatinischen Städte Zadar, Salona und Split. Wie schnell das Gebiet zum festen Bestandteil des Römischen Reiches wurde, zeigt die Tatsache, dass man im Jahr 284 n. Chr. einen in Dalmatien geborenen Staatsmann zum Herrscher Roms ausrief – nämlich Kaiser Diokletian, der in Split einen überaus eindrucksvollen Palast errichten ließ.

BYZANTINISCHE ÄRA UND KÖNIGREICH KROATIEN
Mit der Teilung des Römischen Reiches 395 n. Chr. endete eine Periode der Stabilität und des relativen Friedens im kroatischen

Küstenland. Während das Weströmische Reich im Jahr 476 erlosch, gewann das Byzantinische oder Oströmische Reich für kurze Zeit die Herrschaft über Illyrien zurück. Aus dieser Zeit stammen prachtvolle Bauwerke wie die Euphrasius-Basilika in Poreč (Istrien), die seit 1997 zum Weltkulturerbe der UNESCO zählt.

Durch den Untergang des Römischen Reiches wandelten sich die Machtverhältnisse im südlichen Europa von Grund auf. Im Zuge der durch das Machtvakuum im Mittelmeerraum ausgelösten Völkerwanderung konnten slawische Stämme bis an die adriatische Küste vordringen. Zu ihnen gehörten auch die Kroaten, die sich im 7. Jh. in Istrien, Dalmatien und im Bereich der Pannonischen Tiefebene niederließen. Im nördlichen Dalmatien entstand zwei Jahrhunderte später die Keimzelle des kroatischen Staates: 845 begründete Herzog Trpimir, der in Nin (bei Zadar) residierte, dort die kroatische Dynastie, die bis 1102 herrschte. Als erster kroatischer König gilt Tomislav, in dessen Regierungszeit auch die Eroberung Slawoniens fällt.

Das kroatische Königreich, das Teil des römisch-katholischen Westeuropa war und zahlreiche Kirchenbauten hinterließ, hatte nur knapp zwei Jahrhunderte Bestand. Schuld an seinem Untergang war unter anderem die Tatsache, dass die Dynastie wiederholt von Problemen der Nachfolge erschüttert wurde. Nachdem der letzte kroatische König Dimitar Zvonimir kinderlos gestorben war, entschied sich der kroatische Adel im Jahr 1102 für eine Personalunion mit Ungarn und gab auf diese Weise die Unabhängigkeit seines Heimatlands auf.

VENEZIANER, HABSBURGER UND OSMANEN

Während der folgenden Jahrhunderte wurde das heutige kroatische Territorium in immer stärkerem Maß zum Spielball der drei Großmächte im Südwesten, Norden und Südosten. Zu den steinernen Zeugen dieser Zeit gehören die Festungsanlagen, die man etwa in Zadar und Dobrovnik bewundern kann.

Bereits im 10. Jh. hatte die aufstrebende Handelsmacht Venedig die Hände mit Erfolg nach den istrischen Küstenstädten ausgestreckt. 1205 herrschten die Venezianer über die gesamte kroatische Küste einschließlich der vorgelagerten Inseln. Obwohl es dem ungarisch-kroatischen König Ludwig I. von Anjou rund 150 Jahre später gelang, die Venezianer zurückzudrängen, war sein Erfolg nur von

Altkroatische Kirchen und Kultur
Das kroatische Königreich, das nur knapp zwei Jahrhunderte Bestand hatte und bereits 1102 unterging, hat beeindruckende Kirchenbauten hinterlassen. Zu den schönsten Beispielen gehören die Rundkirche Sveti Donat (9. Jh.) in Zadar (oben) und die Heilig-Kreuz-Kirche (Sveti Križ) in dem Städtchen Nin, das oftmals als Wiege der kroatischen Kultur bezeichnet wird. Das Alter der Heilig-Kreuz-Kirche ist unter Experten umstritten: Während die einen das Gotteshaus ins 9. Jh. datieren, sind die anderen der Meinung, dass es erst im 11. Jh. erbaut worden sei.

kurzer Dauer: Schon im 15. Jh. eroberte die Republik Venedig die verlorenen Gebiete zurück.

Gleichzeitig drohte von Südosten her eine noch viel größere Gefahr. Türkische Heere drangen bis auf den Balkan vor und verbreiteten sogar in den Küstenstädten Istriens Angst und Schrecken. 1463 fiel das Königreich Bosnien an die Osmanen und im 16. Jh. standen große Teile Dalmatiens und Ungarns unter der Kontrolle der türkischen Sultane. 1527 beschloss der kroatische Adel, zu retten, was zu retten war, und wählte Ferdinand I. von Habsburg zum König des noch verbliebenen kroatischen Territoriums. Von nun an stand das Land für fast 400 Jahre unter dem Einfluss der Stephanskrone, sieht man von dem kurzen napoleonischen Intermezzo zwischen 1805 und 1815 ab. Durch den Untergang der Republik Venedig fielen 1797 auch die venezianischen Besitzungen in Istrien und Dalmatien an die Habsburger.

ZWISCHEN DEN WELTKRIEGEN

Durch den Zusammenbruch der Donaumonarchie wurden die Karten auf dem Balkan nach dem Ersten Weltkrieg neu gemischt: Während Istrien, Zadar und einige Inseln von Italien annektiert wurden, entstand weiter im Osten das Königreich der Serben, Kroaten und Slowenen (SHS), zu dem auch Dalmatien gehörte. Doch der junge Staat wurde schon bald von ethnischen Konflikten um die Vorherrschaft im Land erschüttert, die sich im Zweiten Weltkrieg in einem entsetzlichen Bürgerkrieg zwischen Kroaten, Serben, Bosniaken und Albanern entluden.

VON DER TITO-ÄRA IN DIE UNABHÄNGIGKEIT

Nach dem Zweiten Weltkrieg gelang es dem Partisanenführert Tito, die Stabilität auf dem Balkan wieder herzustellen. Obwohl es der von ihm ins Leben gerufene Vielvölkerstaat Jugoslawien über Jahrzehnte hinweg schaffte, politisch klug zwischen Ost und West zu lavieren, blieben die ethnischen Spannungen zwischen den verschiedenen Völkern Jugoslawiens bestehen. Als Tito 1980 starb, brachen die alten Konflikte wieder auf. Nachdem Kroatien und Slowenien 1991 ihre Unabhängigkeit erklärt hatten, wurde der Balkan von einem Krieg erschüttert, der das dalmatinische Hinterland mit voller Härte traf. Zwar herrscht seit 1995 Frieden, doch sind die Spuren des Krieges in Vukovar und Ostslawonien noch deutlich sichtbar.

Der 1892 geborene Josip Broz Tito beschritt nach dem Zweiten Weltkrieg einen eigenen Weg zum Sozialismus und wurde zum Sprachrohr der sogenannten Blockfreien. Nach seinem Tod im Mai 1980 zerfiel die Einheit des Vielvölkerstaates Jugoslawien.

Die Republik Ragusa

Der unabhängige Republik Ragusa (oder Republik Dubrovnik), wie man den maritimen Stadtstaat im Süden Dalmatiens bezeichnete, bestand von 1358 bis 1808. Genau 450 Jahre lang gelang es der zu einer uneinnehmbaren Festung ausgebauten Republik, ihren einflussreichen Nachbarn im Westen und Osten zu trotzen und ihre Eigenständigkeit zu wahren – ein politischer Balanceakt, der seinesgleichen sucht. Die Blüte Dubrovniks begann 1358, als es der Stadt gelang, sich von der Herrschaft Venedigs zu befreien. Die folgenden 200 Jahre waren von einem Aufschwung geprägt, der in erster Linie vom Handel getragen wurde. Parallel entwickelte sich der Stadtstaat zu einer Metropole von Kunst und Wissenschaft. 1458 schloss die Republik ein politisch kluges Friedensabkommen mit dem Osmanischen Reich – die damit verbundenen Tributzahlungen waren zu verschmerzen. Am Ende des 16. Jh. verfügte die Handelsmacht Dubrovnik über eine Flotte von 200 Schiffen und stellte einen beträchtlichen Machtfaktor im Mittelmeerraum dar.

1667 wurde Dubrovnik von einem verheerenden Erdbeben verwüstet – eine Katastrophe, von der sich die Stadt nie wieder erholte. Im Januar 1808 war das Ende von Ragusa gekommen: Die Franzosen lösten die Republik offiziell auf.

Land und Leute

Tradition und Moderne liegen in Kroatien nicht selten dicht beieinander. Auf dem Land findet man häufig Menschen, die ihren Lebensunterhalt noch auf traditionelle Weise verdienen. Doch wo und wie man nun arbeitet – wichtig ist einzig und allein, dass der Frieden wieder eingekehrt ist.

Kroatien besticht durch die beeindruckende Vielfalt seiner Natur- und Kulturschätze, die sich aus der naturräumlichen Gliederung und der bewegten Vergangenheit des Landes ergibt: Über Jahrhunderte hinweg wurde das heutige Kroatien durch unterschiedlichste kulturelle Einflüsse aus Südwest- und Mitteleuropa sowie dem Osmanischen Reich geprägt. Heute bekennt sich die Mehrheit der Kroaten (knapp 88 %) zum römisch-katholischen Glauben. Die serbische Minderheit im Land ist mehrheitlich orthodox, die bosnischen und albanischen Bevölkerungsgruppen hängen meist dem Islam an.

Den Touristen aus aller Herren Länder am besten vertraut ist ohne Zweifel die Adriaküste mit ihren vorgelagerten Inseln, die sich von der Halbinsel Istrien im Nordwesten bis zur Grenze nach Montenegro südöstlich von Dubrovnik erstreckt. Entlang der Küste liegen die bekanntesten Ferienorte des Landes, in denen im Sommer ein quirlig-buntes Treiben herrscht.

Wer die kroatische Küste vom Flugzeug aus betrachtet, ist von den unzähligen langgestreckten Inseln fasziniert, die sich parallel zur Küste aneinanderreihen. Vor über 10 000 Jahren erstreckte sich dort ein Gebirgszug, der allmählich im Meer versank: Schuld daran war die klimatische Erwärmung am Ende der letzten Eiszeit, in deren Verlauf die gewaltigen Eismassen zunächst langsam, dann jedoch immer schneller abschmolzen und zu einem kräftigen Anstieg des Meeresspiegels führten. Hierdurch wurden Berggipfel zu Inseln, die nur noch mit dem Boot erreicht werden konnten – der Reiz dieser geologisch gesehen jungen Küstenlandschaft zieht alljährlich Millionen Touristen in ihren Bann.

Gleich hinter dem in der Regel schmalen Küstensaum erhebt sich das Dinarische Gebirge. Seine raue Schönheit verdankt es dem Kalkstein, der im Lauf der Jahrtausende zu bizarren Formen verwittert ist und heute eine typische Karstlandschaft mit Karren,

Schratten, Einsturzdolinen, Poljen und verzweigten Gang- und Höhlensystemen bildet. Flüsse verschwinden plötzlich im Untergrund und legen ein Stück ihres Weges unterirdisch zurück, bevor sie an anderer Stelle wieder ans Tageslicht treten. Die Bergwelt Kroatiens ist die Heimat so seltener Säugetiere wie Braunbär, Luchs und Wolf, die man aber kaum zu Gesicht bekommt. Dort liegen auch einige der schönsten Nationalparks von Kroatien, so etwa der Krka-Nationalpark und die Plitvicer Seen.

Verlässt man die Küsten- und Gebirgsregion und dringt tief ins Binnenland ein, entdeckt man ein ganz anderes, vom Tourismus noch wenig berührtes Kroatien. Im Nordosten des Landes erstrecken sich zwischen Drau, Donau und Save fruchtbare Ebenen, die Teil des Pannonischen Beckens sind. Dort liegt Slawonien, die Kornkammer Kroatiens. Für Naturfreunde bestechend sind die Feuchtgebiete im Einzugsbereich der Flüsse – allein im Vogelreservat Kopački Rit leben über 275 Vogelarten. Auch Otter und Sumpfschildkröte sind hier heimisch.

Am Vormittag die Naturwunder im Hinterland erkunden und nachmittags in Kunstschätzen schwelgen – dies kann man beispielsweise in Šibenik, dem Einfallstor zu den berühmten Krka-Wasserfällen.

So unterschiedlich wie die drei großen Naturräume Kroatiens sind auch die Sitten und Gebräuche: Die Trachten der Adria unterschei-

Die Insel Jabuka (Foto) bildet gemein-
sam mit den Inseln Brusnik und
Palagruza das „adriatische
Vulkandreieck". Geologen glauben, dass
Brusnik und Jabuka, die vollständig aus
Lava bestehen, vor rund 200 Mio. Jahren
beim Zerbrechen des Urkontinents
Pangäa entstanden, als sich gigantische
Magmaströme ins Meer ergossen.

den sich von denen des Dinarischen Gebirges und von den im Pannonischen Becken getragenen. Allen Trachten gemeinsam ist die Tatsache, dass sie im Alltagsleben der modernen Kroaten kaum noch eine Rolle spielen. Angelegt werden sie jedoch gern an Fest- und Feiertagen und zu den immer beliebteren Folklorefestivals, die zum Weiterleben der alten Traditionen beitragen.

Auf den Festivals erklingen auch die für Kroatien typischen Instrumente: Das am weitesten verbreitete ist die Tambura, ein ursprünglich aus der Türkei stammendes Saiteninstrument. In Süddalmatien setzt man eher auf die Lirica – ein Streichinstrument, bei dem der Takt mit den Füßen geschlagen wird – und in Istrien auf die Sopila, ein Blasinstrument, das an eine Oboe erinnert und stets paarweise gespielt wird.

Eine schon fast ausgestorbene und erst im 20. Jh. wiederbelebte Attraktion ist der ritualisierte Schwerttanz, für den die Insel Korčula berühmt ist. In dem Moreška genannten Tanz geht es – wie könnte es anders sein – um die Liebe, doch gleichzeitig um den Kampf zwischen Christen und Moslems: Der Schwarze König will eine junge Muslimin zwingen, seine Frau zu werden. Doch diese liebt den Weißen König, der für die Venezianer steht … Höhepunkt des Tanzes ist der Kampf zwischen den Truppen des Weißen und des Schwarzen Königs, wobei die Tänzer ihre Schwerter so geschickt handhaben, dass es einem den Atem verschlägt.

Wem nach so viel Kultur und Brauchtum der Magen knurrt, findet in Kroatien ein kulinarisches Angebot, das weit über das auch in Deutschland bestens bekannte Nationalgericht Čevapčići hinausgeht. An der Küste dominiert eine leichte, dem Klima angepasste mediterrane Küche, in der gegrillter Fisch und Meeresfrüchte die Hauptrolle spielen. In Istrien, das am längsten unter dem Einfluss Italiens stand, könnte man sich mitunter sogar in Umbrien oder der Toskana wähnen, wenn man auf der Speisekarte die Qual der Wahl zwischen Gnocchi (njoki), Pasta (fuži) und diversen köstlichen Trüffelgerichten hat.

Weiter im Landesinneren, wo das Klima rauer und die Winter kälter sind, geht es deftiger zu: Dort erfreuen sich Fleischgerichte großer Beliebtheit. Delikat sind die Wurstwaren, die in Slawonien

Trachten und Folklore
Früher, als Trachten noch zum Alltag gehörten, konnte man am Stil der Kleidung auf den ersten Blick erkennen, ob jemand an der adriatischen Küste, im Dinarischen Gebirge oder im pannonischen Tiefland zu Hause war. In den Bergen trug man vor allem Wollstoffe, die von den Frauen selbst hergestellt und gefärbt wurden. Typisch für die Küste waren die weiten Hosen der Männer und eine lange, bis zu den Schultern reichende Wollmütze. Die Menschen, die im Bereich der Täler von Donau, Drau und Save tief im Binnenland lebten, fertigten ihre Kleidung vor allem aus Baumwolle und Flachs, wobei die Stoffe reich bestickt wurden. Heute legt man die Tracht in erster Linie an hohen Fest- und Feiertagen und anlässlich der Folklorefestivals an, die sich zunehmender Beliebtheit erfreuen.

serviert werden. Zur Schlachtzeit im Herbst sind die Räucher-
kammern mit frischem Schinken, verschiedenen Würsten und
schmackhafter Salami (kulen) gefüllt. Wem der Sinn nach einem
leckeren Nachtisch steht, fühlt sich beim Genuss von Palatschinken
(palačinke) mit süßem Quark, Schokolade oder Nüssen an die
legendären Mehlspeisen der Österreicher erinnert – eine bleibende
Erinnerung an das Haus Habsburg, das seinen Einfluss über
Jahrhunderte hinweg insbesondere im kroatischen Binnenland geltend machte.

Zu Vorspeise und Hauptgang passt der einheimische Wein. Aus
Istrien und Dalmatien kommen kräftige Weine wie der rote Postup
oder der weiße Pošip, im Binnenland trinkt man leichtere Tropfen.
Zu den deftigeren Gerichten passt auch Bier ausgezeichnet, beispielsweise das dunke Tomislav. Und zur Abrundung des Mahls sei
ein Schnaps empfohlen – wählen kann man beispielsweise zwischen Traubentresterschnaps (loza), Kräuterschnaps (travarica) und
Mistelschnaps (biska).

Augenschmaus und Gaumenfreude –
Kürbisse auf einem kroatischen Markt.

Nächste Doppelseite: Auf den Märkten
– hier ein Bild aus Zadar – ist alles zu
haben, was das Herz begehrt: Frisches
Obst und Gemüse aus der Region, lokale
Spezialitäten wie etwa Schafskäse oder
auch schmackhafte Wurstwaren, wie es
sie beispielsweise in Slawonien gibt.

Halbinsel Istrien

FRESKEN VON BERAM
Dass es sich lohnt, abseits ausgetretener Pfade zu wandeln,
zeigt der von einer mittelalterlichen
Zitadelle überragte Ort Beram tief
im istrischen Binnenland. Sehenswert ist neben der Kirche St. Martin
die Marienkapelle, die 1 km von
Beram entfernt im Wald versteckt
liegt. Der hervorragend erhaltene
Freskenzyklus der Kapelle entstand
1474 und hält unter anderem
Szenen aus dem Leben Christi fest.
Der Beram-Zyklus zählt zu den
kunstgeschichtlichen Leckerbissen
von Inneristrien.

Die Halbinsel Istrien, neben Dalmatien die bekannteste Urlaubsregion Kroatiens, liegt im äußersten Nordwesten des Landes. Ins
italienische Triest ist es nur ein Katzensprung, und nach Klagenfurt
nicht einmal halb so weit wie nach Dubrovnik.

Die Straßenschilder sind hier zweisprachig (kroatisch und italienisch); statt nach Rovinj, Pula oder Poreč kann man auch nach
Rovigno, Pola oder Parenzo fahren. Ebenfalls talienisch muten die
Speisekarten der Restaurants an, ganz zu schweigen von dem Flair
so mancher bezaubernden Hafenstadt, die ganz selbstverständlich
von einem Glockenturm (Campanile) überragt wird.

Angesichts der Tatsache, dass Istrien quasi vor der Haustür
Italiens liegt, verwundert dies kaum: Nach den Römern hatten die
Venezianer über Jahrhunderte hinweg Ansprüche auf die istrische
Halbinsel geltend gemacht. Und als die Donaumonarchie, die nach
dem Untergang Venedigs Ende des 18. Jh. über ganz Istrien herrschte, nach dem Ersten Weltkrieg endgültig zusammenbrach, wurde Istrien nicht Teil des Königreichs der Serben, Kroaten und Slowenen (SHS), sondern von Italien annektiert, was ohne Zweifel
Spuren im Lebensstil und Lebensgefühl hinterlassen hat.

Wer die quirlige Küstenregion mit ihren geschichtsträchtigen Städten verlässt und ins Landesinnere vordringt, könnte sich auch in der
Toskana wähnen – Olivenhaine, Weinberge und trutzige Dörfer prägen das Landschaftsbild und laden zu Entdeckungsreisen fernab
bekannter Pfade ein. Nicht umsonst ist der Agrotourismus gerade in
Istrien in den letzten Jahren zu einer festen Größe geworden. Wer
das Besondere liebt, verbringt seinen Urlaub in einem liebevoll
restaurierten Bauernhaus im Landesinneren, erkundet am Vormittag per Fahrrad die Schönheit der näheren Umgebung und erholt
sich am Nachmittag am Strand, der nie weiter als 30 km entfernt ist.

Seinen Namen verdankt Istrien übrigens den Histrern, die vor rund
2500 Jahren an den Küsten und im Landesinneren der Halbinsel lebten und Hunderte kreisförmiger Oppida gründeten, in deren Mitte

meist ein Hügel aufragte. Später wurden auf diesen Hügeln befestigte Dörfer angelegt, die noch heute zu bewundern sind – etwa Labin oder Motovun.

Nesactium, Hauptstadt der Histrer und wichtigste Ausgrabungsstätte Kroatiens, liegt nordöstlich von Pula. Sie wurde 177 v. Chr. nach einer langen Belagerung von den Römern eingenommen, die durch diesen Sieg ganz Istrien unter ihre Kontrolle brachten und der Region ihren Stempel aufdrückten. Schon bald wurden die Hafenstädte Pula und Poreč über die Via Flavia mit Triest verbunden, das zu römischer Zeit den Namen Tergasta trug. Der Handel florierte; Wein und Olivenöl aus Istrien zählten zu den in Italien und Mitteleuropa begehrten Gütern. Großer Beliebtheit erfreute sich bis ins Mittelalter hinein auch der istrische Kalkstein, den die Römer erstmals bei Medulin in der Nähe von Nesactium abbauten.

Hoch über dem Tal der Mirna thront das von Eichenwäldern umgebene Bergdorf Motovun, das allerdings schon lange kein Geheimtipp mehr ist. Wer offenen Auges durch den malerischen Ort schlendert, erkennt auf Schritt und Tritt Spuren von Römern und Venezianern, die sich keineswegs mit der Eroberung der Küstenregion zufrieden gaben: Am alten Stadttor halten neben römischen Inschriften die venezianischen Löwen Wache und am Marktplatz ein Glockenturm aus dem 13. Jh.

PULA

So mancher Istrien-Urlaub beginnt in der Stadt Pula, die mehr oder weniger an der Südspitze der Halbinsel liegt. Wer mit dem Flugzeug in der quirligen Hafenstadt landet, sollte sich vor der Weiterfahrt zu seinem Urlaubsdomizil Zeit für eine Reise in die Vergangenheit nehmen, die direkt ins viel gespriesene augusteische Zeitalter führt.

Als Augustus im Jahr 31 v. Chr. das Erbe Julius Cäsars antrat und zum Alleinherrscher des Römischen Reiches wurde, brach in Pula eine rege Bautätigkeit aus, die die Küstenstadt vorübergehend in eine Großbaustelle verwandelt haben dürfte: Kurz nach der Machtergreifung von Augustus begann man in der Nähe des Hafens mit der Errichtung eines imposanten Amphitheaters (Foto siehe S. 15), das über 20 000 Menschen fassen sollte.

Augustus selbst hat die Fertigstellung der über 130 m langen und über 100 m breiten Anlage nicht mehr miterlebt. Sie ist heute eines der am besten erhaltenen Amphitheater aus römischer Zeit und wird alljährlich von Millionen Touristen besichtigt. Auch wenn man heute weder Gladiatorenkämpfe noch blutrünstige Gefangenenmassaker zu sehen bekommt (die letzten Gladiatoren betraten die Arena 404 n. Chr.), erfüllt das Amphitheater immer noch die Funktion der Unterhaltung, die es von jeher hatte: Wer Gelegenheit hat, dort eine der regelmäßig stattfindenden großen Shows zu besuchen, verlebt einen mit Sicherheit unvergesslichen Abend.

Es ist übrigens nicht selbstverständlich, dass das nach dem Verbot der Gladiatorenkämpfe als Viehmarkt und im Mittelalter als Steinbruch genutzte Amphitheater heute noch steht: Im 16. Jh. beschloss der Große Senat von Venedig, die Arena in Pula abzureißen und stattdessen in Venedig neu zu erbauen. Dass dieses Vorhaben nicht zur Ausführung kam, ist dem venezianischen Senator Gabriele Emo zu verdanken – an sein beherztes Einschreiten erinnert eine Gedenktafel am nordwestlichen Turm des Amphitheaters.

Ein weniger bombastisches, doch gleichfalls bemerkenswertes Bauwerk der Römer ist der im Jahr 14 n. Chr. fertiggestellte Augustus-Tempel am Forum. Zu den weiteren Sehenswürdigkeiten von Pula zählen neben dem berühmten Sergier-Bogen das römische Bodenmosaik „Die Bestrafung der Dirce", die Basilika Maria Formosa (6. Jh.) und die Kathedrale St. Thomas, die im 4. Jh. über einem römischen Tempel errichtet wurde. Das Material für den zwischen

Die imposante Vorhalle des Augustus-Tempels ruht an der Stirnseite auf vier Säulen und öffnet sich zum Forum hin, einem Platz, der heute Trg Republike heißt und mit mehreren Cafés dazu einlädt, das einzigartige Nebeneinander von römischen Tempeln und italienischen Palazzi auf sich wirken zu lassen.

Linke Seite: Zu Pulas ältesten Bauwerken aus römischer Zeit zählt der prachtvolle, zu Ehren von Sergius Lepidus, Galus Lucius Sergius und Galus Sergius zwischen 29 und 27 v. Chr. errichtete Triumphbogen. Der reich verzierte Sergier-Bogen stand am Eingang zum Forum und begeistert seit Jahrhunderten Architekten und Bildhauer. Auch Michelangelo konnte sich seiner Faszination nicht entziehen: Unter seinen Zeichnungen fand man Skizzen des Ehrendenkmals.

1671 und 1707 errichteten Glockenturm stammt übrigens aus dem Amphitheater, das damals als Steinbruch diente. Geschichtsfans finden in Pula gleich mehrere Museen, die es sich zu erforschen lohnt: Über einem Besuch im Archäologischen Museum sollte man auch das Historische Museum nicht vergessen, das sich auf die neuere Geschichte Istriens konzentriert und stilvoll in der venezianischen Festung von Pula untergebracht ist.

Bei so viel Kultur bleibt die Frage, warum es eigentlich dem irischen Schriftsteller James Joyce, der 1904/05 als Englischlehrer in Pula arbeitete, dort nicht gefallen hat. Was auch immer ihn dazu bewog, die Stadt an der Adria als „gottverlassenes Nest" bzw. „Sibirien am Meer" zu bezeichnen – das Wetter kann es nicht gewesen sein!

BRIJUNI-NATIONALPARK

Nur 3 km von dem kleinen Fischerhafen Fažana an der istrischen Südwestküste entfernt erstreckt sich eine Inselwelt von bezaubernder Schönheit, die 1983 zum Nationalpark erklärt wurde. Dank ihres milden Klimas mussten die Brijunischen Inseln schon zu römischer Zeit als Sommerfrische für die wohlhabenden Bürger von Pula herhalten; auf Veli Brijun, der größten Insel des Archipels, sind die Reste einer römischen Villa aus dem 1. Jh. zu besichtigen.

Von Fažana aus kann man mehrmals pro Tag nach Veli Brijun, der größten Insel des Archipels, übersetzen. Die Inselrundfahrt mit einer Miniatureisenbahn ist ein Erlebnis für Groß und Klein, und auch die anschließende Führung im Safaripark lässt die Herzen höher schlagen.

Was den Römern gefiel, ließ auch die Habsburger nicht kalt : 1893 erkannte der reiche österreichische Industrielle Paul Kupelwieser das touristische Potenzial der Inseln und kaufte sie kurzerhand auf. Kein geringerer als Robert Koch erhielt den Auftrag, die Eilande von der Malaria zu befreien und damit für die Prominenz tauglich zu machen. Diese stellte sich alsbald ein und genoss die luxuriösen Hotels auf Veli Brijun, die Golf- und Tennisplätze, die Pferderenn- bahn sowie das Casino; zu den berühmten Gästen der damaligen Zeit gehörten Erzherzog Franz Ferdinand und Thomas Mann.

Nach dem Zweiten Weltkrieg wurde Veli Brijun zur Sommerresi- denz von Marschall Tito, der in seiner Weißen Villa Gäste aus aller Welt empfing, darunter Fidel Castro und Königin Elizabeth II. Bei den Geschenken, die die Staatsgäste mitbrachten, handelte es sich mitunter um exotische Tiere und Pflanzen, die der Insel einen zusätzlichen Reiz gaben: In dem von Tito angelegten Safaripark tummeln sich noch heute Giraffen, Zebras, Straußen und Lamas.

Bemerkenswert ist jedoch nicht nur die importierte, sondern auch die einheimische Tierwelt: In den Parks und Wäldern der Bri- junischen Inseln findet man eine Vielzahl von Vogelarten, die hier

Aus der Luft betrachtet gleicht der Brijuni-Nationalpark einem Feenland aus Wasser und sattgrünen Inseln, auf denen sich ein reiches Tier- und Pflan- zenleben entfaltet hat. Der Mensch hat die Schönheit des Archipels schon früh entdeckt – hiervon legen Funde aus vor- geschichtlicher Zeit, die Überreste einer römischen Villa rustica, ein byzantini- sches Kastell, eine Basilika aus dem 6. Jh. und die gotische Kirche St. Ger- manus Zeugnis ab. Für die Öffentlichkeit zugänglich sind lediglich zwei der Inseln, Veli Brijun und Mali Brijun.

Malerischer kann sich eine Stadt kaum präsentieren: Rovinj oder Rovigno, wie die Stadt auf Italienisch heißt, liegt auf einer Kalksteininsel, die erst vor rund 250 Jahren mit dem Festland verbunden wurde. Über der Stadt wacht ein Glockenturm aus venezianischer Zeit.

Rechte Seite: Schmal und gewunden sind die gepflasterten Gassen der Altstadt von Rovinj, in denen man fast zu jeder Tageszeit Schatten findet – einem Stadtbummel steht also selbst an wärmeren Tagen nichts im Weg.

überwintern. Das Meer ist im Brijuni-Nationalpark so sauber, dass dort Schwämme und die bis zu 70 cm lange Steck- oder Schinkelmuschel, in der man mitunter sogar Perlen findet, gedeihen.

ROVINJ

Rovinj gilt vielen als schönste Küstenstadt von Istrien. In jedem Fall ist Rovinj die italienischste – noch heute spricht dort ein großer Teil der Bevölkerung Italienisch, und in den unzähligen Restaurants der malerischen Altstadtgassen fühlt man sich kulinarisch an *Bella Italia* erinnert.

Die pittoreske, seit dem frühen Mittelalter von einer Wehrmauer umgebene Altstadt von Rovinj drängt sich auf einer Felseninsel zusammen, die erst im 18. Jh. mit dem Festland verbunden wurde. Zu den am besten erhaltenen Stadttoren zählt der Balbi-Bogen aus

venezianischer Zeit. Da die Stadt aufgrund ihrer Insellage nicht in die Breite wachsen konnte, baute man die Häuser hoch und schmal. Die engen, schattigen und teilweise überwölbten Gassen steigen vom Ufer der Altstadtinsel steil zur St. Euphemiakirche an, die das Häusergewirr majestätisch überragt. Der weithin sichtbar, 61 m hohe Glockenturm ist – wie könnte es anders sein – dem Campanile auf dem Markusplatz in Venedig nachempfunden und gilt als Wahrzeichen von Rovinj.

Der Charme der gewundenen Gassen und Hinterhöfe zu Füßen der Kirche hat in jüngerer Zeit viele Künstler angezogen, die ihre Werke in zahlreichen kleinen Galerien oder auch auf der Straße ausstellen und verkaufen. Am besten lässt man sich durch das Gewirr der Altstadtgassen treiben und taucht in das mediterrane Flair ein, das den Besucher immer aufs Neue begeistert.

Alljährlich am 16. September, dem Festtag der Heiligen, verwandelt sich die Altstadt von Rovinj in einen Wallfahrtsort, der von Gläubigen (und Schaulustigen) aus ganz Istrien besucht wird. Das Ziel der Pilger, die sich durch die engen Gassen schieben, ist die geschichtsträchtige Wallfahrtskirche St. Euphemia, heute ein dreischiffiges, barockes Bauwerk aus dem 18. Jh.

Als größter Schatz im Inneren des Gotteshauses gilt der antiken Vorbildern nachempfundene steinerne Sarkophag der heiligen Euphemia, der Tochter eines Senators, der mit seiner Familie in Konstantinopel lebte. Euphemia, die während der Christenverfolgung unerschrocken zu ihrem Glauben stand, musste für ihren Mut einen hohen Preis bezahlen: Sie wurde während der Regierungszeit von Diokletian zu Tode gefoltert.

Neben dem Sarkophag, in dem die Heilige ruht, verewigt ein Wandgemälde die legendäre Ankunft von Euphemia in Rovinj: Der Überlieferung zufolge verschwand ihr Leichnam durch ungeklärte Umstände aus Konstantinopel und gelangte über das Mittelmeer nach Rovinj, das er im Sommer des Jahres 800 erreichte.

Wer die Mühe auf sich nimmt, über rund 200 Stufen zum höchsten Glockenturm Istriens hinaufzusteigen, wird mit einem fantastischen Blick über die Dächer von Rovinj und das azurblaue Meer belohnt. Anschließend laden zahlreiche Cafés, Bars und Restaurants, von denen viele direkt am Wasser liegen, dazu ein, sich von den Strapazen des Aufstiegs zu erholen.

Linke Seite: In den pulsierenden Gassen von Rovinj trifft man sich zum Shoppen, Palavern und Bummeln. Die lebendige Altstadt ist zur Heimat vieler Künstler geworden, die hier Inspiration für ihre Arbeiten und Abnehmer für ihre Arbeiten finden.

Wer das Glück hat, die Altstadt von
Poreč aus der Luft betrachten zu können, erkennt auf den ersten Blick, dass
die Stadt auf einer Halbinsel errichtet
wurde, die sich nach Westen in die nördliche Adria vorschiebt. Im geschützten
Süden der Halbinsel liegt der Hafen von
Poreč, zu dem auch eine gut ausgebaute
Marina gehört.

POREČ

Es gibt kaum einen Kroatienurlauber, der die Touristenhochburg an
der Westküste von Istrien nicht wenigstens dem Namen nach kennt.
An der Riviera von Poreč können problemlos 100 000 Gäste aus
dem In- und Ausland untergebracht werden – oftmals in gesichts-
losen Hotelkomplexen, die bereits vor Jahrzehnten am Stadtrand
von Porec aus dem Boden schossen.

Trotz des Touristenansturms ist es den Bürgern von Poreč auf
bewundernswerte Weise gelungen, den Charme ihrer geschichtsträchtigen, auf drei Seiten vom Meer umschlossenen Altstadt zu
bewahren. Die von Ost nach West verlaufende Hauptstraße (Decu-
mans) diente schon in vorgeschichtlicher Zeit als Verkehrsweg.
Nachdem die Römer die Herrschaft über Istrien erlangt hatten, entstand auf der Halbinsel ein Militärlager, in dessen unmittelbarer

Nachbarschaft sich eine Stadt entwickelte, deren Spuren noch in der rechtwinkligen Anlage der Straßen von Poreč sichtbar sind. Bei einem Bummel durch die historische Altstadt stechen die zahlreichen gotischen Häuser sowie die prächtigen Renaissance- und Barock-paläste aus venezianischer Zeit ins Auge, die die Straßen säumen.

Der größte Stolz von Poreč ist jedoch die Euphrasius-Basilika im Norden der Altstadt, die seit 1997 unter dem Schutz der UNESCO steht. Erbaut wurde sie in byzantinischer Zeit (ab dem 6. Jh.) durch Bischof Euphrasius, nach dem das Gotteshaus benannt ist.

Der Gebäudekomplex erschließt sich über das Atrium, einen mit prächtigen Bogen verzierten Innenhof. Von dort hat man Zugang zum oktagonalen Baptisterium (5. Jh.), in dessen Mitte ein ebenfalls achteckiges Taufbecken steht, in dem die Täuflinge vollständig untergetaucht wurden. Im 16. Jh. errichtete man neben der Tauf-kapelle einen Glockenturm, von dem aus sich ein fantastischer Blick über die Altstadt bietet.

Dem Baptisterium gegenüber liegt auf der anderen Seite des Atri-ums die prachtvolle dreischiffige Basilika, in die frühere Bauten mit einbezogen wurden. Komplettiert wird das Ensemble durch eine Gedächtniskapelle und das Bischofspalais, von dem allerdings nicht mehr viel zu sehen ist.

Byzantinische Mosaiken
Die herrlichen Goldgrundmosaiken der Euphrasius-Basilika in Poreč – eines der kunsthistorisch bedeu-tendsten Gotteshäuser der östlichen Adria –, zählen zu den schönsten Europas. Hervorragend erhalten sind die Mosaiken in der mittleren Apsis. Von der Darstellung Jesu inmitten seiner Jünger wandert das Auge nach unten zum prächtig ausgeschmückten Gewölbe der Apsis. Dort ist auch Bischof Euphra-sius verewigt: Er zählt zu den Mär-tyrern und Heiligen, die die Jung-frau Maria mit dem Kind auf dem Schoß umgeben. Zu erkennen ist er an dem Modell der Basilika, das er in der Hand hält.

Mitten im Herzen von Istrien liegt die
Stadt Svetvinčenat, die im 14. Jh. in
die Hände der venezianischen Familie
Morosini gegeben wurde. Wenn man
wachen Auges durch die Gassen Svet-
vinčenats schlendert, scheint vieles aus
der bewegten Vergangenheit der Stadt
zum Leben zu erwachen.

Dieser alte Mühlstein zeigt, dass der Olivenanbau in Istrien eine sehr lange Tradition hat. Heutzutage erfolgt die Verarbeitung der Oliven in modernen Anlagen, die man mitunter sogar besichtigen kann.

Das mittelalterliche Städtchen Svetvinčenat zehrt architektonisch vom Glanz längst vergangener Zeiten. Als baulich besonders schönes Ensemble gilt der Stadtplatz.

Auch auf der Insel Veli Brijun sind die Spuren der Vergangenheit noch deutlich sichtbar: Im Westen des Eilandes kann man in der Dobrika-Bucht die Überreste des Byzantinischen Castrums bestaunen.

Die Brijuni-Inseln sind ein Naturparadies, das 1983 zum Nationalpark erklärt wurde. Neben der Tierwelt beeindruckt auch die Pflanzenvielfalt auf den Inseln, die sich durch ein sehr mildes Klima auszeichnen.

Die imposante, 140 m tiefe Baredine-
Grotte in Nova Vas verdankt ihre Entste-
hung den Verwitterungsprozessen im
Kalkstein. Bizarre Formen laden dazu
ein, die Fantasie spielen zu lassen –
fast könnte man sich in einer Märchen-
welt wähnen.

Im Hafen von Rovinj kommen Souvenirjäger auf ihre Kosten: Bunte Ketten, Armbänder und Ringe sowie farbenfrohe Bilder ziehen viele Touristen magnetisch an. In der Urlaubseuphorie kauft man so manches, was später als Staubfänger in der heimatlichen Wohnung sein Dasein fristet ...

Linke Seite: Strahlend weiße Fensterläden, eine türkisfarbene Hauswand und leuchtend rote Geranien fügen sich zu einem mediterranen Stillleben, wie es schöner nicht sein könnte. Nicht nur die kulturellen Glanzlichter, sondern auch die liebevoll arrangierten Details tragen zum Zauber von Istrien bei.

Kvarnerbucht und Velebiter Küstenland

GALGOLITHISCHE SCHRIFT
Auf der Insel Krk, nur 1 km von
dem Ort Baška entfernt, kann man
in der St. Luciakirche (Sveta Lucija)
von Jurandvor die berühmte Tafel
von Baška bewundern. Dass es sich
hierbei um einen Abguss handelt
(das Original befindet sich heute
in Zagreb), darf der Begeisterung
keinen Abbruch tun: Immerhin
steht man vor der ältesten datierten
Schrifttafel in kroatischer Sprache
(11. Jh). Die Buchstaben sind dem
glagolithischen Alphabet entnom-
men, der ältesten slawischen
Schrift, die im 9. Jh. von dem
Mönch Kyrill entwickelt wurde. Die
zunehmend durch das Kyrillische
verdrängte Glagoliza war in Kroatien
lange in Gebrauch, auf Krk und in
Istrien sogar bis Anfang des 19. Jh.

Die Kvarnerbucht verbindet die Halbinsel Istrien mit der dalmatinischen Küste. Im größten Golf der Adria, früher *Mare Quater-
narium* genannt, liegen pittoreske Inseln mit malerischen Städtchen
und teilweise herrlichen Stränden, die im Sommer fest in touristi-
scher Hand sind. Ihr Charme hat bereits vor rund 70 Jahren keine
Geringeren als König Edward VIII. und seine Verlobte Wallis Simpson in ihren Bann gezogen.

Krk, die größte der Inseln im Kvarner, ist seit knapp drei Jahrzehnten
durch eine mautpflichtige Brücke mit dem Festland verbunden. Als
schönste Insel der Region gilt Rab, und Naturfreunde dürfen einen
Besuch auf Cres mit dem Umweltzentrum Caput Insulae nicht verpassen, wo es eine Krankenstation für Gänsegeier gibt. Zwischen den
Inselhäfen und dem Festland verkehren regelmäßig Fähren.

Zu den Höhepunkten auf dem Festland gehören die quirlige Hafen-
und Industriestadt Rijeka und das heute ein wenig verschlafen wir-
kende Opatija, dem die Ehre gebührt, der älteste Luftkurort Kroatiens zu sein. Seine Glanzzeit hatte die „Perle des Kvarner" vor rund
100 Jahren, als sich dort die Prominenz die Ehre gab: Den Habsburgern, die damals in der Region das Sagen hatten, waren die kli-
matischen Vorzüge der Kvarnerbucht nicht verborgen geblieben.
Das milde Klima und die reizvolle Lage Opatijas zwischen Meer und
Bergen lockte Intellektuelle, Künstler, Lebemänner, den Geldadel
und sogar gekrönte Häupter an die Adria, wo es sich auf angenehmste Art überwintern ließ.

Im Osten schließt sich das Velebiter Küstenland an die Kvarnerbucht
an. Auf die Ausläufer des Velebitgebirges stößt man bereits in dem
von Mauern und Türmen umgebenen Städtchen Senj, das auf dem
Festland gegenüber den Inseln Rab und Krk liegt. Der Velebit
erstreckt sich über rund 145 km und ist damit der längste Gebirgszug Kroatiens. Von der UNESCO wurde er bereits im Jahr 1978 als
Biosphärenreservat ausgewiesen.

Von den Höhen des Velebit, der auf seiner Westseite steil zum Meer hin abfällt, weht speziell in den Wintermonaten häufig die gefürchtete Bora herab, ein kalter, böiger Fallwind, der durchaus Geschwindigkeiten von 200 km/h erreichen kann. Die vielleicht treffendste Beschreibung der Bora verdanken wir keinem anderen als Karl Marx, der vor rund 150 Jahren schrieb: „Die Bora, der große Störenfried dieses Meeres, erhebt sich stets ohne das kleinste Warnungszeichen; mit der Gewalt eines Tornados überfällt sie die Seeleute und gestattet nur dem Kühnsten, auf Deck zu bleiben. Manchmal tobt sie wochenlang und am heftigsten zwischen der Bucht von Cattaro und dem Südende von Istrien. Der Dalmatiner aber ist von Kindheit an gewöhnt, ihr zu trotzen, er wird hart unter ihrem Atem und verachtet die armseligen Winde anderer Meere."

Die dem Velebit vorgelagerte Insel Pag ist der beste Beweis für die Kraft des Windes: Karg und rau präsentiert sich das von der Bora gebeutelte Eiland – was seinem Reiz aber keinen Abbruch tut.

Die Hauptstadt Cres liegt im Westen der gleichnamigen, bereits in prähistorischer Zeit besiedelten Insel. Bei einem Rundgang durch Cres sollte man nicht versäumen, der Pfarrkirche St. Maria im Schnee, der St. Isidorkirche, dem Franziskanerkloster und dem städtischen Museum einen Besuch abzustatten.

RIJEKA UND OPATIJA

Rijeka, das man früher auch unter der Bezeichnung Fiume kannte, ist heute eine moderne Industriestadt, deren historische Wurzeln bis in die Steinzeit zurückgehen. Benannt wurde die größte Hafenstadt Kroatiens nach dem Fluss Rječina, der sie in zwei Hälften teilt.

Schon zu Zeiten der Habsburger war Rijeka der achtgrößte Hafen Europas. Nicht umsonst wurde dort 1860 der erste schraubengetriebene Torpedo der Welt präsentiert und wenig später auch gebaut. Sein Erfinder war der 1813 in Rijeka geborene Ivan Lupis-Vukić, ein österreichisch-ungarischer Marineoffizier mit italienischen Vorfahren (italienisch Giovanni Luppis).

Der von einer barocken Haube gekrönte Torturm geht auf das 13. Jh. zurück und gilt als Wahrzeichen Rijekas. In seinem Bannkreis lässt es sich prächtig flanieren und shoppen.

Einen Bummel durch Rijeka beginnt man am besten an der Riva, der repräsentativen Uferpromenade der Stadt, die von zahlreichen Prachtbauten flankiert wird. Entstanden ist die Promenade während der Blütezeit der Stadt zwischen 1870 und 1914 unter der Herrschaft des Hauses Habsburg. An der Realisierung des Großprojekts waren zahlreiche namhafte Architekten beteiligt, die hier nach Herzenslust im Jugendstil schwelgen durften. Zu den besterhaltenen und schönsten Baudenkmälern der damaligen Zeit gehören die Fischhalle von Carlo Pergoli und der überdachte Markt von Izidor Vauchnig (1881).

Zum Schauen und Shoppen, Schlendern und Genießen lädt der Korzo in der Altstadt gleich hinter dem Hafen ein, eine ausgedehnte Fußgängerzone, in der nur selten Ruhe einkehrt. Dominiert wird der Korzo vom Gradski Toranj, einem markanten Torturm mit barocker Haube aus dem 18. Jh. und der St.-Vitus-Kirche, die ein wundertätiges Kruzifix besitzen soll.

Nach einer Pause in einem der zahlreichen Straßencafés geht es hinauf zum Schloss Trsat, von dem man eine unvergleichliche Aussicht hat. Der Aufstieg erfolgt über die berühmte Treppe von Trsat, die am Ufer der Rječina beginnt. 561 Stufen führen auf die 138 m hohe Anhöhe, die von dem Schloss aus dem 13. Jh. und einer Wallfahrtskirche gekrönt wird.

Ganz anders als das lebhafte und moderne Rijeka präsentiert sich das westlich davon gelegene Opatija, das noch heute vom Glanz der Habsburgerzeit zehrt. Entlang der 12 km langen Seepromenade, dem Lungomare, reihen sich Belle-Epoche-Villen und Hotels auf, in denen einst die Mächtigen Europas verkehrten. In den prachtvoll

Linke Seite: In Opatija, dem ältesten Luftkurort Kroatiens, ist noch heute das Flair der Habsburgerzeit zu spüren. Dank dem milden Klima ist an der über 40 km langen Riviera von Opatija das ganze Jahr über Saison.

Rechte Seite: Auf Krk (hier: Stara Baška) findet man noch Strände, wie sie idyllischer kaum sein könnten: Feiner Kies, kristallklares Wasser und im Sommer garantiert schönes Wetter lassen den Urlaub im Kvarner zum unvergessenen Erlebnis werden.

Dank der 1981 entstandenen Brücke zwischen Insel und Festland ist man heute schnell auf Krk. Die knapp über 1300 m lange Brücke war seinerzeit ein viel beachtetes architektonisches Meisterwerk, das damals den längsten Brückenbogen der Welt aufwies (390 m).

angelegten Parks mit Pflanzen aus aller Welt lässt es sich noch heute wunderbar flanieren. Zu den berühmtesten zählt der Garten der 1844 entstandenen Villa Angiolina, deren Bau die Glanzzeit des Kurortes an der Adria einläutete. Nur wenige Jahrzehnte später beherbergten die ersten großen Prachthotels wie das Kvarner und das Imperial (1884/85) illustre Gäste, die sich in den zahlreichen Spielcasinos und Kaffeehäusern auf angenehmste Weise die Zeit vertrieben.

Nicht zuletzt dank der guten Eisenbahnverbindung in die Metropolen Wien, Budapest und Zagreb entwickelte sich Opatija zum ersten Luftkurort Kroatiens. Am Anfang des vorigen Jahrhunderts gab es dort nicht weniger als zwölf Sanatorien, in denen vorwiegend Lungenkrankheiten behandelt wurden.

INSELN IM KVARNER

Die meisten Touristen, die heute im Kvarner Urlaub machen, zieht es auf die Inseln, beispielsweise nach Krk, die größte, seit 1981 durch eine Brücke mit dem Festland verbundene Insel des Landes. Zu den beliebtesten Ferienorten an der Nordwestküste zählen

Fast ein wenig vorwitzig schiebt sich die auf einer schmalen Landzunge gelegene Stadt Rab ins Meer hinaus. Als Attraktion von Rab gilt die Marienkathedrale, die als bedeutendstes romanisches Gotteshaus der östlichen Adria gehandelt wird.

Omišalj, Njivice und Malinska; im Südosten zieht der malerische Ort Baška mit seinem feinen Sandstrand die sonnenhungrigen Urlauber in seinen Bann. Wer dem im Sommer dicht bevölkerten Strand entfliehen möchte, begibt sich auf Entdeckungsreisen im Landesinneren – beispielsweise nach Dobrinj, dem von Feigen und Kastanien umgebenen ältesten Dorf der Insel, dessen Bewohner einst von der Salzgewinnung lebten. Einen Besuch abstatten sollte man auch der aus der römischen Siedlung Curicum hervorgegangenen Inselhauptstadt Krk mit ihrer romanischen Kathedrale.

Südlich von Krk liegt die Insel Rab, die vielen als schönste Insel im Kvarner gilt. Ganz anders als die raue, von der Bora geprägte Ostseite der Insel stellt sich die Westküste dar: Dort gibt es eine Vielzahl schattiger Buchten, malerischer Strände und idyllischer Ferienorte. Zudem gilt Rab mit seinen rund 2500 Sonnenstunden als einer der sonnensichersten Orte Europas. Unter FKK-Fans wurde Rab schon vor Jahrzehnten als Eldorado gehandelt: 1934 eröffnete man dort den ersten offiziellen FKK-Strand Kroatiens. Salonfähig wurde das Nacktbaden zwei Jahre später durch den englischen König Edward VIII., der sich 1936 mit seiner Freundin Wallis Simpson auf der Halbinsel Frkanj unbekleidet in die Fluten stürzte. Seit dieser Zeit kennt man den „Tatort", einen 1,5 km langen, überwiegend steinigen Küstenabschnitt bei Kandarola, auch unter der Bezeichnung „englischer Strand".

Die größte Attraktion von Rab ist jedoch die gleichnamige Inselhauptstadt, die auf einer schmalen Landzunge liegt und sich weit ins Meer hinausschiebt. Die Silhouette der mittelalterlichen Altstadt wird von vier frei stehenden Glockentürmen geprägt – an diesem Wahrzeichen erkennt man die Stadt schon weit draußen auf dem Meer. Bei einem Bummel durch die Gassen von Rab beeindrucken die vielen Gotteshäuser sowie die zahlreichen Paläste aus dem 15. und 16. Jh. Kunstfreunden sei ein Besuch der dreischiffigen Marienkathedrale (Sveta Marija Velika) aus dem 11. Jh. ans Herz gelegt – *das* Meisterwerk der Romanik an der östlichen Adria.

Bei einem Spaziergang durch die malerischen Altstadtgassen von Rab bieten sich immer wieder schöne Ausblicke auf die Dächer der Stadt und natürlich die Glockentürme, mit denen Rab so reich gesegnet ist.

Rechte Seite: Auch wenn kein bunter Regenbogen über der Stadt leuchtet, ist der Blick auf Pag reizvoll. Rechts sieht man die Salzgärten, durch die das Interesse an Pag in der Vergangenheit stark geschürt wurde.

Fast ebenso stolz wie auf die Marienkirche sind die Bürger von Rab auf den bekannten Park Komrčar, der am Ende des 19. Jh. auf einer Fläche von rund 16 ha angelegt wurde und einen hervorragenden Einblick in die mediterrane Flora bietet.

Die lang gestreckten Inseln Cres und Lošinj beherrschen den Westen der Kvarnerbucht. Getrennt werden sie durch einen schmalen Kanal, der jedoch von einer Brücke überspannt wird. Naturfreunde sollten im Norden von Cres in dem geschichtsträchtigen Ort Beli das Umweltzentrum Caput Insulae besuchen und sich über die Vogelwelt der Inseln informieren. Zu den Attraktionen zählen die seltenen Weißkopfgeier, die dort brüten und bis zu 50 Jahre alt werden können. Inzwischen sind sie jedoch vom Aussterben bedroht.

DIE REICHTÜMER VON PAG

Die dem Velebitgebirge vorgelagerte Insel Pag gehört streng genommen schon nicht mehr zum Kvarner, sondern zum norddalmatinischen Küstenland. Das von der Bora gebeutelte Eiland ist seit 1970 durch eine Brücke mit dem Festland verbunden. Das raue, steinige und nahezu baumlose Gelände ist heute zum großen Teil der Zucht von Schafen vorbehalten, aus deren Milch der in ganz Kroatien berühmte Paški Sir (Schafskäse) hergestellt wird. Ähnlich beliebt ist das Lammfleisch aus Pag – der besondere Geschmack von Käse und Fleisch ist der vom Velebitgebirge herabwehenden Bora zu verdanken, die über dem Meer Salz aufnimmt und auf den kargen Weiden von Pag ablagert.

Ein weiterer Exportschlager aus Pag ist die berühmte Pager Spitze, die früher am Wiener Hof so sehr geschätzt wurde, dass man dort Klöpplerinnen aus Pag beschäftigte. Noch heute findet man die kunstvoll gearbeiteten Spitzen an der traditionellen Frauentracht. Man kann das „weiße Gold" von Pag bei Klöpplerinnen erstehen, die ihre Werke im Sommer vor den Haustüren anfertigen.

Doch weder die Schafzucht noch die kostbaren Spitzen waren der Grund dafür, dass Pag im Lauf der Geschichte so heftig umkämpft wurde: Die Ursache hierfür lag vielmehr in den Salzgärten, in denen man das Meerwasser seit Urzeiten verdunsten ließ und auf diese Weise kostbares Salz gewann. Im 15. Jh. spülten die Salinen von Pag alljährlich Zehntausende von Dukaten in die Kassen der Venezianer, die damals das Sagen auf der Insel hatten – Grund genug, das karge Eiland bis zum Äußersten zu verteidigen.

Auf Pag stellt man einen im ganzen Land geschätzten Schafskäse her, der bei Einheimischen und Touristen gleichermaßen beliebt ist. Man kann ihn in den Geschäften oder wie hier an der Straße kaufen.

Der heutige Reichtum und das wirtschaftliche Potenzial von Pag liegen im Tourismus, der die Insel seit Langem entdeckt hat. Ein gutes Drittel der Einwohner von Pag lebt in der gleichnamigen Inselhauptstadt, die im 15. Jh. nach Plänen des bekannten Renaissancebaumeisters Juraj Dalmatinac gegründet wurde. Zu den architektonischen Höhepunkten der Stadt zählt die Pfarrkirche Mariä Himmelfahrt am Hauptplatz, eine gotische Basilika, deren Vorderseite mit dem Haupteingang in ihrer ursprünglichen Form erhalten ist.

PAKLENICA-NATIONALPARK

Zu den eindrucksvollsten Landschaften im südlichen Velebit gehört der Paklenica-Nationalpark, der fast bis an die Küste heranreicht. Die verkarstete Gebirgslandschaft aus Kalk und Dolomit wird von den Schluchten Velika Paklenica und Mala Paklenica durchschnitten, die sich bis zur Küste erstrecken. Die steil aufragenden Schlucht-wände sind ein Paradies für Alpinisten und Felskletterer – die rund 400 m hohe Kletterwand namens Anića Kuk ist in der Kletterszene weit über die Grenzen Kroatiens hinaus bekannt geworden.

Mindestens ebenso interessant wie der geologische Formenschatz ist die Tier- und Pflanzenwelt im Paklenica-Nationalpark. Über die Hälfte des Areals wird von Schwarzkiefern und Rotbuchen einge-nommen – ein perfekter Lebensraum für Füchse, Hasen, Rehe, Wildschweine und sogar Braunbären, die tief im Herzen des Parks leben, jedoch so scheu sind, dass man sie kaum zu Gesicht bekommt.

Je weiter man sich der Küste nähert, desto reicher wird das Vogel-leben. Mit etwas Glück kann man dort Wanderfalken, Gänsegeier sowie in den Lüften kreisende Stein- und Goldadler beobachten. Ein gutes Fernglas sollte man allerdings schon dabeihaben, denn aus der Nähe wird man die Tiere kaum beobachten können.

Wer auf Schusters Rappen im Paklenica-Nationalpark unterwegs ist, sollte sich auch auf die Begegnung mit Schlangen einstellen. Zu den dort lebenden Giftschlangen gehören Sand- oder Hornviper sowie die Kreuzotter – häufiger anzutreffen sind jedoch die harm-lose Ringelnatter und die Blindschleiche. Grundsätzlich ziehen es Schlangen aber vor zu fliehen, wenn man sich nähert.

Kletterparadies und Filmkulisse
In der europäischen Kletterszene ist der Paklenica-Nationalpark eine feste Größe. Treffpunkt ist der Ein-gang zum Park bei dem Dorf Stari-grad-Paklenica am Ende der Velika-Paklenica-Schlucht. Dort scheinen die Felswände lotrecht bis in den Himmel aufzuragen und lassen das Herz von Kletterern und Free-climbern höher schlagen. Die von den Steilwänden herabhängenden Sicherungsseile gehören inzwischen zum gewohnten Anblick im Pakleni-ca-Nationalpark, wo man übrigens auch auf den Spuren Karl Mays wandeln kann: Hier wurden Schlüs-selszenen der Filme *Winnetou und Shatterhand im Tal der Toten, Der Schatz im Silbersee* und *Old Sure-hand* gedreht.

Punat, die zweitgrößte Stadt auf der Insel Krk, besitzt dank seiner geschützten Lage einen der sichersten Häfen der Adria. Bei Ausflügen rings um die Stadt fasziniert das Nebeneinander von moderner und traditioneller Lebensweise.

Vorherige Seite: Die Klosterinsel Košljun liegt gegenüber von Punat in der geschützten Bucht von Puntarska draga. Im Franziskanerkloster ist eine ethnografische Sammlung und eine umfangreiche Bibliothek zu bewundern, in der alten Benediktinerkirche nebenan eine bemerkenswerte Ausstellung kirchlicher Kunst.

Der Tulove Grede zählt zu den höchsten Erhebungen im südöstlichen Velebit. In der eindrucksvollen Karstlandschaft wurden viele Schlüsselszenen der Winnetou-Filme gedreht – so starben hier Intschu-tschuna und Nscho-tschi, der Vater und die Schwester Winnetous, von der Hand des goldgierigen Schurken Santer.

Auf der fast baumlosen, von der Bora geschüttelten Insel Pag wird die Zucht von Schafen noch immer groß geschrieben – die Tiere liefern den berühmten Pager Schafskäse, würziges Lammfleisch und natürlich Wolle. Dass es ihnen an Lebenslust nicht mangelt, ist unschwer zu erkennen!

Linke Seite: Impressionen aus Senj. Die einst reiche Handelsstadt, die ihren Wohlstand im Schutz von Mauern und Türmen mehrte, liegt an der Küste gegenüber der Insel Krk.

Zagreb und Zentralkroatien

Helmer & Fellner
Das überaus erfolgreiche Wiener Architektenduo Hermann Helmer und Ferdinand Fellner baute im Lauf der Jahrzehnte Dutzende von Theaterhäusern in Europa, die fast alle noch in Betrieb sind. Zu den schönsten Beispielen ihres Schaffens gehört das im Stil des Neobarock gehaltene Kroatische Nationaltheater (Hrvatsko Narodno Kažaliste) in der Unterstadt, das in den Jahren 1894/95 entstand und für das damals noch relativ kleine Zagreb beinahe überdimensioniert wirkte. Zu seiner Einweihung kam sogar der Österreichisch-Ungarische Kaiser Franz Joseph I.

Angesichts der Faszination, die das Meer auf viele Menschen ausübt, ist es nur allzu verständlich, dass die meisten Kroatienurlauber dem Reiz der Küstenlandschaft erliegen und darüber die Erkundung des Landesinneren vernachlässigen. Im Hinblick auf die Kultur- und vor allem Naturschätze, die tief im Herzen des Binnenlandes verborgen liegen, ist dies jedoch ein Versäumnis, das man spätestens beim zweiten Kroatienbesuch nachholen sollte.

Zentral-, Hoch- oder Mittelkroatien, wie man den Teil Kroatiens nennt, der weder zu Istrien, Dalmatien oder Slawonien gehört, besticht durch eine landschaftliche Vielfalt, die von hoch aufragenden Gebirgen über sanfte Hügelketten bis zu fruchtbaren Tälern reicht, von denen das der Save das größte ist. An der Save und ihren Nebenflüssen liegen die wichtigsten Städte Zentralkroatiens: Zagreb, Sisak und das im 17. Jh. gegründete Karlovac, das im 18. Jh. zu einem der größten Handelszentren des historischen Südslawiens aufstieg. Das in seiner Funktion als Landeshauptstadt noch junge Zagreb ist mit seinen knapp 800 000 Einwohnern die größte Stadt Kroatiens und hat sich in jüngerer Zeit so herausgeputzt, dass man sich beim Stadtbummel mitunter lebhaft an Wien erinnert fühlt.

Die mit Abstand meistbesuchte und weit über die Grenzen des Landes bekannte Attraktion Zentralkroatiens ist der Nationalpark Plitvicer Seen im hügeligen Karstgebiet etwa 120 km südlich von Zagreb. Rund 900 000 Menschen zieht es alljährlich an die blaugrün schimmernden, kaskadenförmig angelegten Seen, die bereits 1979 in das Welterbe der UNESCO aufgenommen wurden.

Mit Sicherheit weniger spektakulär, doch von kaum geringerem Reiz ist der knapp 100 km östlich von Zagreb im Überschwemmungsgebiet der Save gelegene Naturpark Lonjsko Polje. Auwälder, Weideland und morastige Sümpfe stellen wertvolle Lebensräume für die Pflanzen- und Tierwelt dar. Berühmt sind die Störche, die dort im Frühjahr brüten und ihre Nester auf den Dächern der malerischen Holzhäuser errichten, die für die Region so typisch sind.

ZAGREB

Die Erkundung von Zagreb beginnt man am besten dort, wo alles angefangen hat: in der Altstadt, die aus zwei benachbarten Hügeln besteht. Ende des 11. Jh. entstanden dort zwei befestigte Siedlungen, die durch das heute trockengelegte Flüsschen Medveščak getrennt wurden. Auf dem westlichen, etwas höheren Hügel lag Gradec, die Stadt des Adels und der weltlichen Macht, die nicht immer freundlich auf die benachbarte Kirchenstadt Kaptol hinunterblickte.

Das Herz von Gradec, der heutigen Oberstadt, schlägt zweifellos am St.-Markus-Platz (Trg Svetog Marka), der von der ältesten Pfarrkirche Zagrebs (13. Jh.) beherrscht wird. 1882 stattete man die St.-Markus-Kirche mit bunten, emaillierten Dachziegeln aus, die heute eines der Wahrzeichen von Zagreb bilden: Sie fügen sich zu zwei Wappenbildern zusammen, von denen das rechte das Stadtwappen von Zagreb darstellt. Im Schatten der Kirche, am östlichen

Ein Besuch an den Plitvicer Seen gehört schon fast zum Pflichtprogramm eines Kroatienurlaubs. Die 16 kaskadenartig angeordneten Seen verdanken ihre Existenz den Verwitterungsprozessen im Kalkstein und Dolomit: Das mit Kalk gesättigte Wasser lagerte Travertin ab und schuf auf diese Weise Barrieren, die Seen und Teiche aufstauten und Wasserfälle entstehen ließen. Auf diese Weise wurde eine Landschaft von märchenhafter Schönheit modelliert, die jährlich Hunderttausende in ihren Bann zieht.

bzw. westlichen Rand des St.-Markus-Platzes, erheben sich die weltlichen Machtzentren Kroatiens: der spätbarocke Banal-Hof (Banski Dvor), heutzutage Sitz der Regierung, sowie das 1910 erbaute Parlament (Sabor), wo 1918 die Trennung Kroatiens von Österreich-Ungarn und 1991 die Unabhängigkeit Kroatiens proklamiert wurde.

Vom St.-Markus-Platz ist es nicht weit zum Steinernen Tor (Kamenita Vrata), dem einzigen erhaltenen Stadttor des alten Gradec. 1731 ereignete sich dort ein kleines Wunder: Nachdem das Tor und viele benachbarte Gebäude durch einen verheerenden Brand stark beschädigt worden waren, fand man in der Asche ein unversehrtes Marienbild, das heute viele Pilger anzieht und in einer im Turm eingerichteten Kapelle bewundert werden kann.

Auf den Spuren der alten Stadtbefestigung wandeln lässt es sich hervorragend auf der schattigen Strossmayer-Promenade (Strossmayerovo Šetalište), von der sich schöne Ausblicke auf die Unterstadt und die Save bieten.

Wer vom weltlichen auf den Hügel der Geistlichkeit (Kaptol) überwechselt, blickt mit Ehrfurcht auf die alles überragende Kathedrale. Ihre beiden neogotischen, stolze 105 m hohen Glockentürme sind weithin sichtbar und ein charakteristisches Wahrzeichen von Zagreb. Sein heutiges Aussehen erhielt das 1094 erstmals urkundlich erwähnte Gotteshaus nach dem großen Erdbeben von 1880, das große Teile der Altstadt zerstörte. Die ebenfalls schwer beschädigte Kathedrale wurde von dem deutschen Architekten Hermann Bollé (1845–1926) im Stil der Neogotik restauriert. Im Inneren der Kathedrale befindet sich die letzte Ruhestätte bedeutender Persönlichkeiten der kroatischen Geschichte, darunter auch die von Kardinal Alojzije Stepinac (1898–1960), den der Papst 1998 seligsprach. In unmittelbarer Nachbarschaft der Kathedrale erhebt sich das Erzbischöfliche Palais, das im 18. Jh. zum größten Barockschloss Kroatiens umgebaut wurde

Doch bei aller Begeisterung für die ehrwürdigen Gotteshäuser, malerischen Winkel und kopfsteingepflasterten Sträßchen des alten Zagreb sollte die zwischen Save und Altstadt gelegene Neustadt nicht in Vergessenheit geraten. Bevor man sich an ihre Erkundung macht, legt man auf dem Trg Bana Jelačić, dem zwischen Ober- und Unterstadt eingebetteten Hauptplatz von Zagreb, eine Pause ein.

Der Zrinjevac-Park im Zentrum der Unterstadt wird von prächtigen Häuserfassaden flankiert, die im späten 19. Jh. entstanden und Ausdruck des Selbstbewusstseins der Bürger von Zagreb sind. Besucher, die heute an den liebevoll restaurierten und herausgeputzten Fassaden vorbeischlendern, fühlen sich durchaus an den Charme von Wien oder Budapest erinnert.

Linke Seite: Der nördlich von Kaptol gelegene Friedhof Mirogoj zählt zu den schönsten Friedhofsanlagen Europas. Besonders beeindruckend sind die im Stil der Neorenaissance gehaltenen Arkadengänge mit ihren Mosaikböden.

Sehen und gesehen werden lautet das Motto dieser lebhaften Meile, wo man sich nachmittags auf einen Kaffee und abends zum Flirten trifft.

Angelegt wurde der Trg Bana Jelačić Mitte des 19. Jh., als Zagreb aus allen Nähten zu platzen drohte. Im Rahmen der großen Stadterweiterung entstanden damals zwischen Altstadt und Save sorgfältig geplante neue Stadtviertel mit breiten Boulevards, gründerzeitlichen Repräsentationsbauten, Museen, Theatern und Kunstgalerien. Viel zu verdanken hat Zagreb dem Architekten Milan Lenuci (1849–1924), der in der Unterstadt ein grünes Hufeisen aus Parks und begrünten Plätzen anlegen ließ, die der Stadtbevölkerung noch heute zur Erholung dienen.

NATIONALPARK PLITVICER SEEN

Die schönsten Eindrücke von den Plitvicer Seen sammelt man zweifellos in den Morgenstunden noch vor Ankunft der Reisebusse, die in der Hauptsaison unaufhörlich neue Besucherscharen an den beiden Haupteingängen des Nationalparks abladen. Wer nur ein paar Stunden Zeit hat, betritt den Park über den Eingang 1 und erkundet die vier unteren Seen, die sich tief in den Kalkstein eingegraben haben und eine spektakuläre Szenerie mit bis zu 70 m hoch aufragenden Kalksteinwänden bilden. Gleich in der Nähe des Eingangs

Die Plitvicer Seen zählen zu den wichtigsten Touristenattraktionen Kroatiens und spielen eine große wirtschaftliche Rolle. Die Nationalparkverwaltung scheut keine Mühen, die ihr anvertraute Natur zu schützen und für nachfolgende Generationen zu erhalten. So plant man, die derzeit im Travertin verankerten Holzstege zukünftig durch Schwimmstege zu ersetzen und auf diese Weise das Risiko von Uferabbrüchen und Wasserversickerungen zu minimieren.

stößt man auf den Wasserfall Veliki Slap, der zu den eindrucksvollsten Naturwundern im Nationalpark zählt. Das Nationalparkgelände ist über ein Netz von Fußwegen und Stegen so gut erschlossen, dass man die Landschaft unmittelbar erleben und sogar die Gischt der Wasserfälle auf der Haut spüren kann. Auf den Seen verkehren Ausflugsboote, und parkinterne Busse bringen die Wanderer innerhalb kürzester Zeit an den Ausgangspunkt zurück.

Wer die Möglichkeit dazu hat, sollte unbedingt in einem der drei Hotels im Park übernachten und die stillen Abend- und Morgenstunden genießen. Dann bleibt auch ausreichend Zeit für die Erkundung der zwölf oberen Seen, die nicht in Kalk-, sondern in Dolomitgestein eingebettet sind. Bei einem ausgedehnten Spaziergang entlang der im Sonnenlicht schimmernden Seen und Bäche lassen sich Forellen und andere Fische beobachten, die pfeilschnell durchs Wasser schießen. Dann wieder entfernt sich der Weg vom Seeufer und führt durch schattige Laubwälder, um kurz darauf auf den nächsten See oder Wasserfall zu treffen. Beeindruckend ist die Klarheit des blaugrün schimmernden Wassers – in dem größten der Seen, dem Jezero Kozjak, beträgt die Sichttiefe rund 8 m.

Die Kroaten tun viel dafür, um die Schönheit des Nationalparks Plitvicer Seen zu erhalten. In den Seen darf man weder schwimmen

Das Herz des Nationalparks besteht aus 16 durch Wasserfälle miteinander verbundene Seen, die einen Höhenunterschied von weit über 100 m überwinden – und dies auf einer Strecke von nur rund 8 km. 1949 erklärte man das Gebiet zum ersten Nationalpark des Landes. 1979 nahm die UNESCO die Plitvicer Seen in die Liste des Weltnaturerbes auf.

DER SCHATZ IM SILBERSEE

Man mag es kaum glauben, dass die Uraufführung des ersten Karl-May-Films schon über ein halbes Jahrhundert zurückliegt. Aus den kriegerischen Rothäuten, die im *Schatz im Silbersee* mitwirkten und zum Teil aus der heute kroatischen Ortschaft Plitvica stammten, sind inzwischen gesetzte Herrschaften geworden, die sich vergnügt schmunzelnd an den Sommer 1962 erinnern, in dem das Drehteam um Horst Wendlandt und Harald Reinl an die damals noch stillen Plitvicer Seen kam, um hier die Abenteuer von Winnetou und seinem Blutsbruder Old Shatterhand auf die Leinwand zu bringen.

Angesichts der wilden Schönheit der blaugrün schimmernden Seen und tosenden Wasserfälle verwundert es nicht, dass die Macher der Karl-May-Filme immer wieder in den Nationalpark zurückkehrten. Dort versank nicht nur der legendäre Schatz in den Fluten des Kaluderovac – die großartige Szenerie diente später auch in *Winnetou I* sowie in *Winnetou II* und *Winnetou III* als Kulisse.

Für eingefleischte Winnetou-Fans ist der Besuch der Seen fast ein Muss. Da sich die Drehorte im Lauf der Zeit kaum verändert haben, können Karl-May-Kenner nach Herzenslust auf den Spuren von Pierre Brice und Lex Barker wandeln – und vielleicht noch einmal der Faszination nachspüren, die sie einst für die Helden ihrer Kindheit empfunden haben.

noch jegliche andere Art von Wassersport betreiben. Autos sind strikt verboten, eine Ausnahme bilden nur die parkinternen Busse, die auf festgelegten Routen verkehren – eine Maßnahme, die der Tierwelt zugute kommt: Im Nationalpark leben neben Wölfen auch Braunbären und Luchse, von denen man jedoch allenfalls ihre Spuren zu Gesicht bekommt.

NATURPARK LONJSKO POLJE

Das Einfallstor in den Naturpark ist das Städtchen Sisak mit seiner berühmten Festung, wo 1593 den Türken eine vernichtende Niederlage beigebracht wurde. Entlang der Hauptstraße von Sisak nach Jasenovac lässt sich das wertvolle Feuchtbiotop am besten erkunden. In Frühjahr und Herbst werden große Teile des Gebiets von der Save überschwemmt. Dann prägen ausgedehnte Sümpfe, offene Wasserflächen und sattgrüne Auwälder das Landschaftsbild. Seltene Tiere wie Biber, Wildkatze und Fischotter sowie über 200 Vogelarten finden dort hervorragende Lebensbedingungen.

Besonders stolz ist man in Lonjsko Polje auf die in manchen Teilen Europas vom Aussterben bedrohten Weißstörche, die vielerorts als Glücksboten gelten. Im Jahr 1994 wurde dem Dorf Čigoč, wo man Dutzende von Storchennestern findet, von der Umweltstiftung Euronatur die Auszeichnung „Europäisches Storchendorf" verliehen. Die beste Zeit, um die Tiere zu beobachten, sind die Monate von April bis August.

Im Sommer trocknen die Sümpfe aus und wandeln sich zu fruchtbaren Weiden, auf denen die Posavina-Pferde grasen – mittelgroße robuste Arbeits-, Gespann- und Reitpferde. In den Eichenwäldern, für die der Naturpark bekannt ist, finden die gefleckten Turopolje-Schweine paradiesische Lebensbedingungen vor. Die ältesten Hausschweine Europas ernähren sich von Wurzeln, Knollen, Würmern und natürlich Eicheln, die im Herbst in reichem Maß zur Verfügung stehen. Man hat die Turopolje-Schweine sogar schon dabei beobachtet, wie sie in den Nebenflüssen der Save auf Jagd nach großen Teichmuscheln gingen.

Dem Menschen schenkten die Eichenwälder ein hervorragendes Baumaterial: Die traditionellen Holz- und Bauernhäuser bestehen aus dem Holz der Posavina-Eichen. Besonders schöne Beispiele der regionaltypischen Baukunst findet man in dem Dorf Krapje, in dessen Nähe 1963 auch das erste Vorgelschutzgebiet Kroatiens namens Krapje Đol eingerichtet wurde.

Seit Jahrhunderten verbaut man im Naturpark Lonjsko Polje das kostbare Eichenholz zu Häusern, deren Wohnräume im ersten Stock liegen und in der Regel über eine Außentreppe erreicht werden. Der Dachboden, über den der Rauch der Feuerstelle abzieht, dient von jeher als Räucherkammer.

Im Sommer trocknen große Teile des Lonjsko Polje allmählich aus und verwandeln sich in ein Blütenmeer. Dann schlägt die Stunde der robusten Posavina-Pferde, die dort hervorragende Weidemöglichkeiten vorfinden.

Nächste Seite: Das Wahrzeichen der noch jungen Hauptstadt Kroatiens ist die Kathedrale, die – bei einem Erdbeben im Jahr 1880 schwer beschädigt – anschließend im neugotischen Stil wiedererrichtet wurde.

Rechte Seite: In Kroatien hat die Kunst der Stickerei eine lange Tradition. Unter den Motiven hoch im Kurs stehen stilisierte Tiere, geometrische Muster und natürlich Pflanzen. Gern stickt man mit roten Fäden – diese Farbe steht traditionell für Jugend, Kraft und Gesundheit.

Die Universität von Zagreb ist die älteste und größte des Landes – hier studieren über 50 000 junge Menschen. Architektonisch bestechend ist die neue National- und Universitätsbibliothek (NSK) mit ihrer schlichten und klaren Formensprache. Die NSK rühmt sich mit Recht der größten und bedeutendsten Literatursammlung in kroatischer Sprache.

Seite 80/81: Malerische Impressionen von der Kupa, einem Grenzfluss zwischen Kroatien und Slowenien, der bei dem Städtchen Sisak in die Save mündet. Bei Anglern steht die Kupa wegen ihres Fischreichtums hoch im Kurs.

Zagorje und Podravina

Homo krapinensis
Dass die Kleinstadt Krapina im Zagorje heute zumindest in Fachkreisen weltberühmt ist, verdankt sie dem Paläontologen Dragutin Gorjanović Kramberger, der dort im Jahr 1899 etwa 900 menschliche Knochen fand. Die wissenschaftlichen Untersuchungen ergaben, dass es sich hierbei um Überreste von Verwandten des Neandertalers handelte, die in der mittleren Steinzeit lebten. Aufschluss über den *Homo krapinensis* gibt das Evolutionsmuseum in Krapina mit sehenswerten Rekonstruktionen.

Nördlich der Hauptstadt Zagreb, die zu Füßen des Medvednica-Massivs liegt, wo man im Sommer im kühlen Schatten der Laub- und Nadelwälder wandern und im Winter hervorragend Ski fahren kann, erstreckt sich eine der schönsten Landschaften des Binnenlands: das liebliche Zagorje, das im Osten in die Podravina (Tal der Drau) übergeht.

Im Zagorje prägen sanfte Hügel, die nur selten Höhen von über 500 m erreichen, das Landschaftsbild. Wein- und Obstgärten, sattgrüne, im Frühjahr von Blumen übersäte Wiesen und bäuerliches Flair machen den Reiz dieses Landstrichs aus, der über Jahrhunderte zum Einflussbereich des Hauses Habsburg gehörte. Von dieser Zeit erzählen trutzige Burgen, romantische Schlösser und prachtvolle Barock- und Wallfahrtskirchen, die von malerischen Zwiebeltürmchen und Kuppeln gekrönt sind.

Östlich der Barockstadt Varaždin, dem wirtschaftlichen und kulturellen Mittelpunkt der Region, stößt man auf das Tal der Drau, eines Nebenflusses der Donau. Das von zahlreichen Flüsschen durchzogene Tal ist nicht nur Anglern, sondern auch den Freunden der naiven Malerei ein Begriff: Dort entwickelte sich ab den 1930er-Jahren die Schule von Hlebine, deren wohl bekanntester Vertreter Ivan Generalić ist.

WALLFAHRTSKIRCHEN

Zu den berühmtesten Pilgerzielen im Zagorje gehören die Wallfahrtskirchen in Marija Bistrica, Vinagora und Trški Vrh, die aus der Ferne betrachtet eher Festungen als Gotteshäusern gleichen.

So ist die Marienkirche in Trški Vrh von einer achteckigen Ringmauer umgeben, die von vier barocken Zwiebeltürmchen bewacht wird. Zum Innenhof hin schließt sich ein Arkadengang an die Mauer an, unter dessen Dach früher Pilger schliefen und Händler ihre Waren anboten – schon vor Jahrhunderten war es Mode, von der Pilgerreise ein Souvenir mitzubringen.

Vom Innenhof aus lassen sich auch die Türme der Ringmauer betreten, die im Inneren kleine Kapellen bergen. Dominiert wird der Hof von der Basilika St. Maria von Jerusalem mit ihrem prächtigen Glockenturm – sie wird oft als schönste Barockkirche Kroatiens gepriesen. Sehenswert sind die kunstvollen Malereien, mit denen die Wände und Kuppeln der Kirche geschmückt sind und die den Raum noch zu vergrößern scheinen. Die Marienkirche wurde zwischen 1750 und 1761 in Rekordzeit errichtet. Ermöglicht wurde der rasche Baufortschritt durch die großzügigen Spenden der Bürger der benachbarten Stadt Krapina – ein Hinweis auf den Wohlstand, der damals in der Region herrschte.

Rund 100 Jahre älter als die Marienkirche von Trški Vrh ist die 1657 erbaute Wallfahrtskirche von Vinagora, die überdies durch ihre idyllische Lage auf einem Hügel besticht. Sie ist ebenfalls von einer Ringmauer umgeben und durch zwei Rundtürme geschützt.

Nach Vinagora kommen auswärtige Besucher in erster Linie wegen der Wallfahrtskirche St. Maria zur Heimsuchung (Sv. Marija od Pohoda), die eine gotische Madonna aus Holz birgt und malerisch auf der Kuppe eines Hügels thront.

Alljährlich an Mariä Himmelfahrt und Mariä Geburt drängen Tausende von Pilgern in die 6000-Seelen-Gemeinde Marija Bistrica. Dies ist die Stunde der fliegenden Händler, die die teilweise von weither angereisten Besucher mit Süßigkeiten, Kerzen und Andenken an ihre Pilgerfahrt versorgen.

Da die Kirche zu klein ist, um allen Gläubigen Platz zu bieten, finden die Gottesdienste im Freien statt. Die Verehrung der Pilger gilt der dunklen Marienstatue aus Holz, die 1648 in einer Mauer der Pfarrkirche St. Maria-vom-Schnee (Sv. Marija Snježna) entdeckt wurde.

Die von vielen für wundertätig gehaltene schwarze Madonna stammt vermutlich aus dem 15. Jh. und wurde möglicherweise versteckt, da man sie vor den vorrückenden Türken schützen wollte. Das Innere der Wallfahrtskirche ist mit Motiven aus dem Leben der Jungfrau Maria geschmückt.

Rechte Seite: Viele der prächtigsten Bauwerke von Varaždin scharen sich um den Tomislav-Platz – so auch das Rathaus, vor dessen Toren sich die Gastronomie etabliert hat und dazu einlädt, das Flair des bezaubernden Barockstädtchen bei einem Glas Wein zu genießen.

Die dritte und älteste im Bunde der drei wichtigsten Wallfahrtskirchen des Zagorje ist St. Maria-vom-Schnee. Ihr ist es zu verdanken, dass sich das Dorf Marija Bistrica zum bedeutendsten Wallfahrtsort Kroatiens entwickelte – hierher kommen jedes Jahr im Rahmen der im Sommer stattfindenden Pilgerfahrten rund 500 000 Gläubige. Zu den prominentesten Besuchern von St. Maria-vom-Schnee gehört Papst Johannes Paul II.: Am 13. Oktober 1998 sprach er Kardinal Alojzije Stepinac, der 1940 mit dem Bau des Kreuzwegs begonnen hatte, in Marija Bistrica heilig.

BAROCKSTADT VARAŽDIN

Wer das Zagorje erkundet, kommt an einem Besuch in Varaždin, wo das kulturelle Herz der Region schlägt, nicht vorbei. Die ganz und gar mitteleuropäisch geprägte und sehr gepflegte Barockstadt liegt bereits im Drautal und stellt den östlichsten Punkt des Zagorje dar.

Von besonderem Reiz ist der historische Stadtkern mit seinen herrlichen Palais, den Kirchen, der alten Festung Stari Grad, dem Rathaus mit Uhrenturm, dem unter Denkmalschutz stehenden Stadtfriedhof und den geschichtsträchtigen, von prachtvollen Barockbauten gesäumten Plätzen, wo man noch das eine oder andere

Die barocke Altstadt von Varaždin ist zum Feiern wie geschaffen: Seit 1971 finden dort regelmäßig Barockmusikabende statt, die inzwischen zu den bedeutendsten Konzertveranstaltungen Kroatiens zählen. Wenn aus den Kirchen, den Palais und dem Theater der Stadt barocke Klänge ertönen, fühlt sich der Besucher um Jahrhunderte in der Zeit zurückversetzt.

Diese junge Kroatin hat sich anlässlich des jeden Sommer in Varaždin stattfindenden Špancirfests im Stil des Barock kostümiert und trägt auf diese Weise dazu bei, die Vergangenheit wieder aufleben zu lassen.

traditionelle Kaffeehaus findet. Die Schönheit der Stadt wurde bereits in der 1924 uraufgeführten Operette *Gräfin Mariza* von Emmerich Kálmán besungen:
„Komm mit nach Varaschdin, so lange noch die Rosen blüh'n, dort woll'n wir glücklich sein, wir beide ganz allein!"

Wäre die Gräfin Mariza dem Vorschlag ihres reiselustigen Verehrers gefolgt, hätte sie sicherlich einer der ersten Wege zur Festung Stari Grad geführt, die bis 1925 der Familie Erdödy gehörte, die zum ungarischen Hochadel zählte und den Habsburgern treu verbunden war. Als die Burg im 16. Jh. in den Besitz dieser Adelsfamilie kam, war sie bereits zu einer Festung im Stil der italienischen Renaissance mit umliegendem Wassergraben, Erdwällen und Bastionen ausgebaut worden. Heute dient die von einem Park umgebene Anlage, deren rote Ziegeldächer in lebhaftem Kontrast zu den trutzig wirkenden, weiß getünchten Wehrmauern stehen, als Stadtmuseum.

Wer das barocke Flair hautnah erleben möchte, besucht Varaždin am besten im Sommer zur Zeit des traditionellen Špancirfests. Dann füllen sich die Plätze und Straßen mit im Stil des Barock gekleideten Menschen, die gemessenen Schrittes durch die Altstadt flanieren, vorbei an den Palais der vielen adligen Familien, die Varazdin im 17. und 18. Jh. als Residenz erkoren. Gewürzt wird das Spektakel durch Straßenkünstler wie Akrobaten und Zauberer, Komödianten und Clowns, Tänzer und Musiker.

An alte Traditionen knüpft auch der Aufzug der Stadtwache vor dem Rathaus an, den man im Sommer jeden Samstag um 11 Uhr beobachten kann. Die blau uniformierte Stadtgarde zählt zu den Wahrzeichen der schmucken Barockstadt und erinnert an die Zeit, als Varaždin die Hauptstadt von Kroatien war (1756–76).

VELIKI TABOR UND TRAKOŠĆAN
Das Zagorje punktet nicht nur mit Barockbauten, sondern auch mit malerischen Burgen und prunkvollen Schlössern. Zu den schönsten gehören die Renaissancefestung Veliki Tabor und das Schloss Trakošćan, bei dessen Anblick man sich unwillkürlich an die Märchenschlösser Ludwig II. erinnert fühlt. Im 19. Jh. ließ Graf Juraj Drašković das im 12./13. Jh. entstandene und später mehrfach erweiterte Festungsgebäude zu einem romantischen Schloss mit zinnenbewehrten Türmen umbauen – ein Projekt, das ihn fast in den

Ruin trieb, da sich der Umbau mehr oder weniger zu einem Neubau auswuchs und der Graf zusätzlich einen künstlichen See sowie Park- und Gartenanlagen aus dem Boden stampfen ließ.

Deutlich trutziger als Schloss Trakošćan präsentiert sich die mittelalterliche Burg Veliki Tabor mit ihren runden Türmen und wehrhaften Bastionen. Sie liegt in exponierter Lage auf einem über 300 m hohen Hügel und ist schon aus der Ferne gut zu erkennen. In dem von Arkaden gezierten Innenhof finden mitunter Vorführungen von Schwertkämpfern und Falknern statt – wer die Gelegenheit hat, sollte unbedingt eines dieser Spektakel besuchen, bei dem die Vergangenheit zu neuem Leben zu erwachen scheint.

HLEBINE UND KLANJEC

Die 1500-Seelen-Gemeinde Hlebine im Drautal gilt als Wiege der kroatischen naiven Kunst. Heute wird der Schule von Hlebine weltweiter Ruhm zuteil. Zu verdanken ist diese Entwicklung dem bekannten kroatischen Maler Krsto Hegedušić, dem in den 1930er-Jahren in Hlebine das Talent zweier junger Burschen auffiel, die sich

Um die Burg Veliki Tabor rankt sich die romantische Geschichte einer unglücklichen Liebe zwischen dem armen Dorfmädchen Veronika und einem reichen Grafen, dessen Familie mit seiner Wahl alles andere als einverstanden war. Das Mädchen wurde auf der Burg eingesperrt und schließlich umgebracht.

die Zeit mit Malen vertrieben – Ivan Generalić und Franjo Mraz. Für die beiden jungen Bauernmaler organisierte er in Zagreb eine Ausstellung – und die wurde ein voller Erfolg. Kurze Zeit später gründeten Generalić, Mraz und Mirko Virius die Schule von Hlebine, die sich vorrangig der Hinterglasmalerei widmete. Die eng zusammenarbeitenden Künstler fanden ihre Themen in der Natur und dem bäuerlichen Leben, das sie auf „naive" Art festhielten, ohne sich besonders um akademische Feinheiten zu kümmern. In den 1950er-Jahren erlangten die naiven Maler von Hlebine internationale Berühmtheit.

Ganz andere Werke als die Naiven von Hlebine hinterließ der kroatische Bildhauer Antun Augustinčić, der im Jahr 1900 in Klanjec, einem Ort im westlichen Zagorje, das Licht der Welt erblickte. Sein vielleicht bekanntestes Werk ist das Friedensdenkmal, das man vor dem Gebäude der UNO in New York bewundern kann. Seit 1970 gibt es in Klanjec eine später um einen Skulpturenpark erweiterte Galerie, in der man sich einen Überblick über Leben und Werk des bekannten kroatischen Bildhauers verschaffen kann, dem es stets um eine sozial engagierte Kunst ging und der seine Themen vorrangig in der menschlichen Gestalt fand.

Linke Seite: Aus einem Baumstumpf zaubert Josip Generalić (der Sohn von Ivan Generalić) einen prachtvollen Blumenstrauß hervor, dessen farbenfrohe Blüten miteinander um die Wette zu leuchten scheinen – ein herrliches Beispiel seines künstlerischen Stils.

Ivan Generalić

Der am 21. Dezember 1914 in Hlebine geborene Ivan Generalić fing schon früh an zu zeichnen. Mit 16 Jahren traf er auf den Maler Krsto Hegedušić – eine Begegnung, die sein Leben verändern sollte. Hegedušić erkannte das Talent des jungen Ivan und verschaffte ihm die Möglichkeit, seine Bilder 1931 in Zagreb auszustellen. Auf den internationalen Durchbruch musste Generalić allerdings noch über zwei Jahrzehnte warten: Erst durch seine Austellungen in Paris (1953), São Paulo (1955) und Brüssel (1958) wurde er einer der berühmtesten Vertreter der naiven Kunst. Ivan Generalić starb 1992 in Koprivnica, wo viele seiner Bilder zu bewundern sind. Weitere Werke findet man im Museum von Hlebine. In die Fußstapfen seines Vaters trat Josip Generalić (1935–2004, Foto).

In die Städte und Dörfer Kroatiens – hier eine Aufnahme aus Varaždin – ist der friedliche Alltag schon seit Langem zurückgekehrt. Wer Zeit hat, unterbricht den Tagesablauf gern, um mit Freunden zu plaudern, Neuigkeiten auszutauschen oder auch über politische Fragen zu fachsimpeln.

Rechte Seite: Im Zagorje findet man das älteste Heil- und Kurbad des Landes – die nur knapp 20 km südöstlich von Varaždin gelegenen Thermalquellen von Varaždinske Toplice sind in ganz Kroatien bekannt. Die Thermen wurden schon zu römischer Zeit genutzt. Sehenswert ist auch die Kirche des Kurbads mit dem kunstvoll gearbeiteten Altar.

1879–82 wurde die Kirche Marija Bistrica, einer der bekanntesten Wallfahrtsorte des Landes, unter Leitung des in Köln geborenen Architekten Hermann Bollé in Anlehnung an romanische Vorbilder erneuert.

Angesichts der Vielfalt an leckeren Backwaren, die es in der kroatischen Küche gibt, läuft Einheimischen wie Touristen das Wasser im Mund zusammen. Als Spezialität gelten süße oder salzige Štrukle – der hauchdünn ausgerollte Teig besteht aus Mehl, Eiern, Öl, Essig, Wasser und Salz; die Füllung ist sehr variabel.

Slawonien und Baranja

WEINANBAU IN KUTJEVO
Das Städtchen Kutjevo in Zentral-
slawonien liegt inmitten einer
Weinanbauregion, deren Ruf weit
über die Grenzen Kroatiens hinaus
gelangt ist. Vor allem die dort
gekelterten Weißweine haben es
den Gourmets angetan und bereits
manche Goldmedaille und Auszeichnung gewonnen. Heute setzt
die Region, in der man nachweis-
lich seit dem 13. Jh. fachkundig
Wein anbaut, in erster Linie auf
Chardonnay, Grasevina (Welsch-
reisling), Pinot blanc, Pinot Crni
(Pinot Noir), rheinischen Riesling,
Sauvignon und Traminer. An Prominenz fehlte es übrigens schon
früher nicht: Anlässlich einer Wein-
verkostung in Kutjevo soll niemand
Geringeres als Kaiserin Maria The-
resia zu tief ins Glas geschaut
haben …

Je weiter man in den Nordosten Kroatiens vordringt, desto flacher
wird das Land. Die sattgrünen Flussniederungen von Drau, Save
und Donau prägen die Landschaft, die mit ihren bewaldeten
Hügeln, Weingärten und Weizenfelder zu den fruchtbarsten Kroatiens gehört. Wer in Slawonien Urlaub macht, lässt die quirlige Hektik der Küstenstädte weit hinter sich und hat alle Zeit der Welt, um
den Charme der kleinen Bauerndörfer sowie der zahlreichen Schlösser und Villen, in denen einst der Adel residierte und in Mußestun-
den der Jagd frönte, zu genießen. Zu Slawonien gehört auch die
Baranja, eine geschichtsträchtige Region am Zusammenfluss von
Drau und Donau, in der sich Prinz Eugen von Savoyen im frühen
18. Jh. ein barockes Jagdschloss errichten ließ. Das Herzstück der
Baranja ist das bekannte Feuchtgebiet Kopački Rit, in dem allein
über 260 verschiedene Vogelarten leben. Erkunden lässt sich diese
Region am besten bei einer Bootsfahrt auf den verzweigten Fluss-
armen im Überschwemmungsgebiet von Drau und Donau.

Im Norden bildet die Drau, im Süden die Save und im Osten die
Donau die natürliche Begrenzung Slawoniens – gleichzeitig liegen dort
die heutigen Grenzen zu Ungarn, Bosnien-Herzegowina und Serbien.
Zu Zeiten der Habsburger diente die Region als Bollwerk gegen die
Türken, und vor noch nicht einmal zwei Jahrzehnten war sie Schau-
platz erbitterter Kämpfe zwischen Serben und Kroaten. Die schmerz-
haften Erinnerungen sind dort, wo der Krieg am heftigsten wütete,
noch allgegenwärtig – am intensivsten vielleicht in der Stadt Vukovar,
die am 18. November 1991 nach knapp dreimonatiger Belagerung fiel
und zum Symbol des kroatischen Widerstands wurde.

NATURPARK KOPAČKI RIT

Das Sumpf- und Waldland des Kopački Rit liegt in der Nähe der
Stadt Osijek, nicht weit von der Mündung der Drau in die Donau
entfernt. Schon 1967 erklärte man große Teile des Feuchtgebiets
zum Naturpark, um die überaus reiche Tier- und Pflanzenwelt besser schützen zu können.

Vogelfreunde können im Kopački Rit u. a. Seeadler, Kormorane, Störche, Wildenten, Wildgänse, Silberreiher, Wasserhühner, verschiedene Krähenarten und Spechte beobachten. Einige Vogelarten sind nur zeitweise dort anzutreffen, andere brüten im Kopački Rit und ziehen dort ihren Nachwuchs auf. Für ein ausreichendes Nahrungsangebot ist bestens gesorgt: In den Gewässern tummeln sich unzählige Fische – vorrangig Hechte, Brachsen, Karpfen, Zander und Barsche. Dies kommt auch dem Menschen zugute, denn in Slawonien gilt die Fischsuppe als bekannteste regionale Spezialität. Auch Wildbret findet man auf der Speisekarte, was angesichts des Wildreichtums der Region nicht verwundert: In den trockeneren Gebieten des Kopački Rit, die von Weiden, Pappeln und Eichen eingenommen werden, finden Rotwild und Wildschweine hervorragende Lebensbedingungen vor.

Die Überschwemmungsflächen im Kopački Rit gehören zu den größten und wertvollsten Feuchtgebieten, die es in Europa noch gibt. Wenn die Donau Hochwasser führt, verwandelt sich die Landschaft für viele Wochen in eine amphibische Welt, die in erster Linie Fischen und Vögeln gehört.

Eines der wichtigsten Utensilien bei der Erkundung des Kopački Rit ist das Fernglas, mit dem man die scheuen Vögel auf kurze Distanz heranholen und in Ruhe beobachten kann. Dass gerade im Sommer ein Insektenschutzmittel nicht fehlen sollte, braucht eigentlich kaum erwähnt zu werden!

Die Schönheit des Kopački Rit zieht alljährlich viele Besucher an, wenn auch das Touristenaufkommen mit dem der Küstenregionen nicht zu vergleichen ist. Erkunden lässt sich der Naturpark am besten auf einer Bootsfahrt, einer geführten Wanderung oder auch bei einer Kutschfahrt durch die prachtvollen Wälder. Dass dies möglich ist, darf keinesfalls als selbstverständlich betrachtet werden: Während des Kriegsgeschehens in den 1990er-Jahren war der Naturpark von serbischen Truppen besetzt und teilweise vermint.

OSIJEK – DIE HAUPTSTADT SLAWONIENS

Osijek, das Einfallstor für einen Besuch im Kopački Rit, liegt am Südufer der Drau, nicht weit von der Grenze zu Ungarn bzw. Serbien entfernt. Mit über 100 000 Einwohnern ist Osijek nicht nur die Hauptstadt von Slawonien, sondern auch eine der größten Städte Kroatiens. Gleichzeitig ist sie eine der ältesten – schon in römischer Zeit gab es hier eine Siedlung namens Mursa, die als Sitz des Statthalters von Unterpannonien diente. Im Mittelalter (1196) wurde die Handels- und Hafenstadt Osijek erstmals urkundlich erwähnt, zu osmanischer Zeit (1526–1687) galt sie als wichtiger Verkehrsknotenpunkt und hatte nicht weniger als acht Moscheen. Auch gab es

Das Slawonien-Museum am Dreifaltigkeitsplatz von Osijek birgt unter anderem
archäologische, ethnografische und
Münzfunde. Ein historisches Zeugnis
aus der Römerzeit ist dieses Relief aus
dem 2. Jh., das eine Badeszene zeigt.

damals bereits eine viel beachtete Holzbrücke über die Drau, die sich
am sumpfigen Nordufer in einer Pfahlkonstruktion fortsetzte und
auf diese Weise eine Verbindung ins rund 7 km entfernte Darda
schuf, wo heute eines der Schlösser der Barone Eszterhàzy zu
bewundern ist.

Nachdem die osmanischen Truppen im Großen Türkenkrieg 1687
in der Schlacht bei Mohács eine vernichtende Niederlage erlitten
hatten, fand sich Osijek unter der Herrschaft der Habsburger wieder, die alsbald ein ehrgeiziges Projekt in Angriff nahmen: die Befestigung der Innenstadt nach modernsten militärischen Standards.
Die neue Festungsstadt Tvrđa wurde durch ein Vorwerk am Nordufer der Drau und ein sternförmiges Wallsystem geschützt. Um
ausreichend Platz für die Befestigungsanlagen zu gewinnen, musste
man die Menschen, die in den Vorstädten außerhalb der alten Stadt-
mauern lebten, umsiedeln: So entstanden etwa 1,5 km westlich von
Tvrđa die Oberstadt und 2 km östlich der neuen Festung die Unterstadt. Während die Oberstadt in erster Linie königlichen Beamten
und Adligen katholischen Glaubens vorbehalten war, siedelten sich
in der Unterstadt Handwerker, Händler sowie Nichtkatholiken an.

Linke Seite: Am Südufer der Drau reihen
sich die drei historischen Teile von Osijek, die Oberstadt, Festungsstadt und
Unterstadt, wie an einer Perlschnur auf.
Das heutige Zentrum befindet sich dort,
wo einst die Oberstadt gegründet wurde,
in der sich nur Menschen katholischen
Glaubens ansiedeln durften. Heute
wird das Stadtbild durch das moderne
Gebäude des Hotel Osijek dominiert.
Nicht weit davon entfernt erhebt sich
der neugotische Dom St. Peter und
Paul, ein Backsteinbau aus dem 19. Jh.

Den besten Blick auf die Festungsstadt Tvrđa hat man vom gegenüberliegenden Ufer der Drau. Anschließend sollte man sich für einen Bummel durch Tvrđa ausgiebig Zeit nehmen. Nach der Erkundung des Dreifaltigkeitsplatzes lohnt es sich, durch die Gässchen zu schlendern, die den Platz umgeben. Dort war im Franziskanerkloster auch die erste Druckerei Slawoniens untergebracht, die bis 1856 in Betrieb war.

Rechte Seite: Zwischen 1866 und 1882 entstand die Backsteinkathedrale mit ihren beiden 84 m hohen Türmen und der gewaltigen Zentralkuppel, die seither das Stadtbild von Đakovo prägt. In der Krypta fand Bischof Strossmayer, auf dessen Betreiben hin das Gotteshaus entstand, seine letzte Ruhestätte.

Das heutige Zentrum von Osijek liegt in der Oberstadt, wo der neugotische Dom aus dem 19. Jh. aufragt. Mindestens ebenso spannend sind jedoch die Sehenswürdigkeiten in der Festungsstadt Trvđa, die man vom Zentrum aus über eine Uferpromenade oder mit der Straßenbahn erreicht. Anstelle der 1922 geschleiften Wälle und Bastionen findet man heute prachtvolle Gartenanlagen. Rings um den Dreifaltigkeitsplatz (Trg Svetog Trojstva) erheben sich zahlreiche Gebäude aus dem 18. Jh., darunter der Palast der Generalität, das Gebäude der Hauptgarde, der Justizpalast und das Jesuitenkolleg. Das Zentrum des Platzes wird von einer Pestsäule dominiert.

ĐAKOVO – BERÜHMT WEGEN SEINER LIPIZZANER

Wer sich für die Sitten und Bräuche Slawoniens interessiert, ist in Đakovo, einer kleinen Stadt im Südosten der Region, genau richtig: Dort findet alljährlich Anfang Juli das Folklorefestival Đakovački Vezovi statt, auf dem zu den Klängen der Tamburica getanzt und gesungen wird, Trachten gezeigt und das alte Brauchtum gepflegt werden. Einer der Höhepunkte der Veranstaltung ist die Schau der Pferde- und Hochzeitsgespanne – hier kommen nicht nur Nostalgiker, sondern auch Pferdenarren auf ihre Kosten, denn das Städtchen Đakovo ist nicht zuletzt wegen seines Lipizzanergestüts bekannt.

Gegründet wurde das etwas außerhalb der Stadt gelegene Gestüt 1854 von Bischof Strossmayer, einem Verfechter der südslawischen Einheit, der in der zweiten Hälfte des 19. Jh. beträchtlichen Einfluss ausübte. Ihm ist auch der Bau der herrlichen Kathedrale von Đakovo zu verdanken, deren rote Backsteintürme schon weit aus der Ferne sichtbar sind. Das Gotteshaus gilt heute nicht nur als Symbol der Stadt, sondern gleichzeitig als bedeutendster Kirchenbau Slawoniens. Für Freunde der Gartenkunst interessant ist der Landschaftspark aus dem 19. Jh., der das Bischofspalais umgibt.

SCHRECKEN DES KRIEGES: VUKOVAR

Wer nach Vukovar kommt, wird zunächst kaum Augen für die historischen Baudenkmäler der einst wohlhabenden Donaustadt haben – zu beklemmend sind die Spuren des Krieges, auf die man auch Jahre nach dem Friedensschluss noch allenthalben trifft.

In dieser Stadt, die wie keine andere zum Symbol des kroatischen Widerstands und Leidens geworden ist, tobte der Krieg auf grausamste Weise: Während der knapp drei Monate langen Belagerung Vukovars durch serbische Truppen starben über 2000 Menschen.

Das bekannteste Wahrzeichen von Vukovar, der alte Wasserturm, liegt an der Straße nach Ilok. Die deutlich sichtbaren Einschusslöcher erinnern an die Schrecken des Krieges und stellen ein Mahnmal dar, das an Eindringlichkeit nicht zu überbieten ist.

Viele der Überlebenden wurden kurz nach der Eroberung der Stadt am 18. November 1991 auf einem Feld erschossen und in Massengräber geworfen, andere in serbische Internierungslager abtransportiert. An dem Ort, wo das Massaker von Vukovar stattfand, erinnert heute ein Mahnmal an Leid und Tod der Opfer.

Vukovar wurde erst 1998 an die Kroaten zurückgegeben. Die Stadt, in der 1991 noch rund 46 000 Menschen lebten, zählt inzwischen wieder über 30 000 Einwohner. Der Wideraufbau der stark zerstörten Bausubstanz ist im Gange, doch wird sich dieses Großprojekt noch über Jahre hinziehen. Im Zentrum sind neue Bank- und Versicherungsgebäude sowie Einkaufszentren entstanden, die sich architektonisch nicht immer harmonisch in das historische Stadtbild einfügen – der alte, großteils zerstörte Kern Vukovars mit seinen prächtigen Barockfassaden, überdachten Bogengängen, stolzen Bürgerhäusern, der Rochuskirche und dem Franziskanerkloster galt als Juwel barocker Baukunst. Ein besonderes Kleinod ist das Schloss der Grafen von Eltz – heute Sitz des Stadtmuseums.

Wer einen Besuch in Vukovar trotz der bedrückenden Atmosphäre, die über der Stadt liegt, nicht scheut, sollte auch dem Donauhafen einen Besuch abstatten und einen Blick auf das serbische Ufer werfen, das nur einen Steinwurf entfernt zu liegen scheint.

Die im Jahr 1991 proklamierte Unabhängigkeit Kroatiens musste teuer bezahlt werden. Doch trotz der Opfer, die der Generation ihrer Eltern und Großeltern abverlangt wurden, sieht man diesen beiden jungen Kroaten den Stolz auf ihr Land an – auf dem Banner, das sie aus dem Zugfenster halten, ist in großen Buchstaben der Name ihres Heimatlands zu lesen.

Nächste Seite: An einer alten Furt an der Save liegt Slavonski Brod, die zweitgrößte Stadt Slawoniens. Die eindrucksvollen Mauern der alten Festung aus dem 18. Jh. erzählen von den Heldentaten längst vergangener Tage.

Die prachtvolle Backsteinkathedrale von Đakovo gilt als Wahrzeichen der Stadt. Das Gotteshaus weist eine kostbare Innenausstattung auf, zu der Skulpturen von Vatroslav Donegani und Wandgemälde von Alexander und Ludwig Seitz gehören.

Rechte Seite: Felder, Wiesen und kleine Bauerndörfer, so weit das Auge reicht – in Slawonien kommt der Landwirtschaft, zu der auch der Anbau von Tabak zählt, nach wie vor große Bedeutung zu. In jüngerer Zeit entdeckt jedoch auch der Tourismus den Reiz des kroatischen Binnenlandes.

Norddalmatien

MARASCHINO-LIKÖR
Die für Kroatien typische Maraska-Kirsche wird nördlich von Zadar auf der fruchtbaren Hochebene Ravni kotari angebaut. Um daraus Maraschino herzustellen, zerkleinert man die Kirschen mitsamt dem Kern, wodurch ein feines Mandelaroma entsteht. Der echte Maraschino besitzt einen Alkoholgehalt von 32 %. Die Maraschino-Herstellung hat in Kroatien eine fast 200-jährige Tradition: 1821 eröffnete der Kaufmann Girolamo Luxardo in Zadar die erste Brennerei. Acht Jahre später besaß er das Privileg zur Alleinherstellung des begehrten Likörs.

Dalmatien zählt neben Istrien zu den beliebtesten Urlaubsregionen Kroatiens. Der nördliche Teil der lang gestreckten Küstenlandschaft an der Adria beginnt bei der Insel Pag und umfasst verwaltungstechnisch die beiden „Gespanschaften" Zadar und Šibenik-Knin.

Als in den 1960er-Jahren die ersten deutschen Touristen Urlaub in Norddalmatien machten, waren sie von der Vielseitigkeit der Landschaft fasziniert: Vor der Küste lud die Inselwelt der Kornaten zu Entdeckungen ein, die malerischen Fischerdörfer waren wie geschaffen für einen erholsamen Badeurlaub mit der Familie und das Hinterland hielt Naturwunder wie die Krka-Wasserfälle bereit.

Dazu kam das reiche kulturelle Erbe der Region: Wer dem Strand für einen Tag den Rücken kehrte, konnte in Städten wie Zadar oder Šibenik auf den Spuren von Römern, Byzantinern, altkroatischen Königen und Venezianern wandeln. Aus Dalmatien stammten auch viele der Postkartenmotive, die für Kroatien so typisch waren: stille Inseln im azurblauen Meer, atemberaubende Sonnenuntergänge und malerische Hafenstädte mit venezianischen Glockentürmen.

In den 1990er-Jahren, als das ehemalige Jugoslawien von einem blutigen Bürgerkrieg erschüttert wurde, fand diese Urlaubsidylle ein jähes Ende. In dem geschichtsträchtigen Ort Knin am nordöstlichen Ende des Krka-Nationalparks wurde die Serbische Republik Krajina ausgerufen, die zwischen 1991 und 1995 rund ein Drittel des heutigen Kroatiens kontrollierte. Aus den Dörfern im Hinterland von Zadar und Šibenik wanderten damals viele Menschen ab – eine Entvölkerung, die noch heute spürbar ist.

Als 1995 wieder Frieden im Land herrschte, kehrten die Touristen nach Norddalmatien zurück – erst zögerlich, doch bald in größerer Zahl. Hierzu trug ohne Zweifel die Tatsache bei, dass viele der kulturellen Schätze Dalmatiens die Kriegsjahre besser überstanden hatten, als man zunächst zu hoffen gewagt hatte. Der engagierte Wiederaufbau trug das Seinige dazu bei, die dalmatinische Küste wieder zu einem Top-Urlaubsziel in Europa werden zu lassen.

ZADAR

Wer in Norddalmatien Urlaub macht, sollte unbedingt einen Besuch in Zadar, der größten Stadt der Region, einplanen: In der quirligen City lässt es sich nicht nur prächtig flanieren und shoppen, sondern die malerisch auf einer Landzunge gelegene Altstadt überrascht den Besucher auch mit einem Ensemble von Kirchenbauten, das zu den eindrucksvollsten des Landes gehört.

Am besten betritt man die Altstadt durch das 1543 erbaute Landtor an der Verbindungsstelle zwischen Landzunge und Festland. Geziert wird das imposante Renaissancebauwerk – wie könnte es auch anders sein – von dem venezianischen Löwen und dem Wappen von Zadar. Nur fünf Jahre nach dem Bau des Landtors verstärkten die Venezianer die Befestigungsanlagen durch eine Zitadelle in der Nähe des Tors, die heute als Freilichtbühne dient.

Die historische Altstadt von Zadar ist an drei Seiten von Wasser umgeben. Vor feindlichen Angriffen schützte sich die Stadt, die fast 400 Jahre im Besitz Venedigs war, durch wehrhafte Bastionen, Türme und Tore. Die alten Befestigungsanlagen sind zum großen Teil gut erhalten und geben einen Einblick in die bewegte Vergangenheit Zadars.

Schlendert man vom Landtor aus in Richtung der Spitze der Land-zunge, trifft man zunächst auf das römische Forum, dessen Pflaster im Gegensatz zu den Gebäuden, die einstmals auf dem Forum stan-den, noch gut erhalten ist.

In unmittelbarer Nachbarschaft erhebt sich die Kirche Sveti Donat aus dem 9. Jh. – ein Kleinod altkroatischer Baukunst aus alt-christlicher Zeit, für deren Bau Steine aus dem römischen Forum herhalten mussten. Benannt wurde sie nach Bischof Donatus, der den Anstoß zum Bau des Gotteshauses gab. Die zweigeschossige Rundkirche gilt als berühmtestes Wahrzeichen von Zadar. Im Som-mer finden hier beinahe täglich Konzertabende statt, die sich die außergewöhnliche Akustik der Rundkirche zunutze machen – wer die Gelegenheit dazu hat, sollte sich diesen musikalischen Lecker-bissen nicht entgehen lassen.

An die Donatskirche schließt sich die romanische Kathedrale Sveta Stošija (St. Anastasia) aus dem 12./13. Jh. an, eine dreischif-fige Basilika mit einer herrlichen, von zwei kunstvollen Fenster-rosetten geschmückten Hauptfassade. Neben der sehenswerten Innenausstattung mit kostbaren Seitenaltären besticht der erst im 19. Jh. fertig gestellte, 56 m hohe Glockenturm – wer hinaufsteigt, genießt einen fantastischen Blick über die Altstadt von Zadar.

Wenn man den Kirchenrundgang fortsetzt, stößt man auf der Südseite des römischen Forums auf die Marienkirche (Sveta Mari-ja) mit angrenzendem Benediktinerinnenkloster. Die ebenfalls drei-schiffige Basilika wurde im 11. Jh. geweiht. Im Kloster lädt eine Dauerausstellung zum Thema „Gold und Silber von Zadar" dazu ein, sich näher mit der kunsthandwerklichen Tradition der Stadt zu beschäftigen. Wer auf den Geschmack gekommen ist, sieht sich noch die Eliaskirche (Sveti Ilija), die Franziskanerkirche (Sveti Frane), die Chrysogonuskirche (Sveti Krševan) und die Simeonskirche (Sveti Šimun) an – alle sind zu Fuß in wenigen Minuten zu erreichen.

Anschließend hat man sich eine Pause auf dem Volksplatz (Narod-ni trg) verdient. Dort treffen sich die Einheimischen, um ein Schwätzchen zu halten, einen Kaffee zu genießen oder auch Zeitung zu lesen. Um den Platz herum gruppieren sich stolze Patrizierpaläste wie der Palazzo Ghirardini-Marci aus dem 15. Jh., die Stadtloggia (16. Jh.), das in italienischer Zeit entstandene Rathaus (20. Jh.) und die Stadtwache mit Uhrturm (16. Jh.), in der heute das Ethnogra-fische Museum untergebracht ist.

Gut in Form, markant getupft, kräftig und munter präsentiert sich der rein-rassige Dalmatiner – gemeint ist natür-lich der Vierbeiner, den sein Name als echten Spross Dalmatiens ausweist. Ob dem wirklich so ist, sei dahingestellt, denn die Herkunft dieser Hunderasse ist nicht zweifelsfrei belegt. Schon wenn er auf die Welt kommt, sorgt der Dalmati-ner für Überraschungen: In den ersten Lebenstagen ist er völlig weiß, erst nach knapp 2 Wochen bekommt er die charakteristischen dunklen Tupfen.

Linke Seite: Die romanische Kirche Sveti Krševan ist ein dreischiffiges, im 12. Jh. errichtetes Gotteshaus. 1403 krönte man dort Ladislaus von Neapel zum König von Ungarn und Kroatien. Im Inneren der Kirche verdient der barocke Altar mit den Schutzheiligen von Zadar Beachtung.

Die charakteristische Vegetation der Küstenregion ist die Macchia – immergrüne Sträucher wie Lorbeer, Salbei, Myrte und Pistazie, denen die Sommerhitze nichts anhaben kann. Insbesondere auf den Inseln findet man jedoch auch Lavendel und Rosmarin, Zitronen-, Orangen-, Feigen- und Granatapfelbäume.

Einen Besuch in Zadar beendet man am besten an der Hafenpromenade, wo eine der jüngsten Attraktionen der Stadt zu bewundern ist: die von Nikola Bašić erbaute Meeresorgel. Unter den flachen Stufen einer rund 70 m langen Treppe sind Dutzende von Rohren verborgen, die an der obersten Stufe münden. Durch die Brandung wird Luft in die Pfeifen gepresst. Auf diese Weise entsteht eine ganz eigene Meeresmusik, die je nach Rhythmus und Kraft der anbrandenden Wellen variiert und zu fast jeder Tageszeit Zuhörer findet, die, von der Musik gefangen, den Blick über das Meer genießen.

ARCHIPEL VON ZADAR

Von Zadar aus gibt es regelmäßig Fährverbindungen zu den Inseln im Archipel von Zadar, die zu den am wenigsten überlaufenen der Adria zählen. Kleine Dörfer, stille Buchten und viel ursprüngliche Natur laden dazu ein, die Seele baumeln und den Alltag hinter sich zu lassen. Zu den größeren Inseln vor Zadar gehören u. a. Olib, Iž, Molat, Premuda, Sestrunj und Silba. Besonders schön ist es, diese idyllische Inselwelt auf eigenem Kiel zu erkunden – nicht umsonst zählt die dalmatinische Küste zu den beliebtesten Segelrevieren Kroatiens.

Wer lieber mit dem Auto als per Schiff unterwegs ist, erkundet die rund 30 km nordwestlich von Zadar gelegene Insel Vir, die durch

VON INSELKÖNIGEN UND TÖPFERN
Dass sich die Insel Iž der einzigen
Töpferei Dalmatiens rühmen darf,
glaubt man gern, aber dass es dazu
noch einen Inselkönig gibt, verblüfft
dann doch. Und trotzdem ist es so:
Der König von Veli Iž wird jedes
Jahr von Neuem gewählt, in einer
archaisch anmutenden Zeremonie,
bei der Fackelschein, Kirchen-
glocken und Gesänge für eine feier-
lich-geheimnisvolle Stimmung
sorgen. Auch in der Töpferwerk-
statt hält man alte Traditionen
hoch: Dort findet man originelle
Mitbringsel wie etwa Handwärmer
für die Olivenernte. Im Stil lehnen
sich viele der angebotenen Objekte
an antike Vorbilder an.

eine Brücke mit dem Festland verbunden ist. Eine Hauptverkehrs-
straße bringt den Besucher rasch zu den interessantesten Sehenswürdigkeiten der Insel – etwa zu der romanische Kirche Sv. Ivan aus
dem 13. Jh. oder der Ruine einer venezianischen Festung aus dem
17. Jh. Mindestens ebenso reizvoll wie die steinernen Zeugen der
Vergangenheit ist jedoch das Flair der Insel, wo man den Lebensunterhalt noch vor nicht allzu langer Zeit hauptsächlich durch
Fischerei und Landwirtschaft bestritt. Wie überall entlang der kroatischen Küste entwickelt sich der Tourismus jedoch auch hier zu
einer immer wichtigeren Einkommensquelle.

Der Weg von Zadar nach Vir führt über das Städtchen Nin, das
auf einer kleinen, mit dem Festland verbundenen Insel liegt. Man
mag kaum glauben, dass in Nin die Wiege der kroatischen Kultur
stand – hier wurden vor rund 1000 Jahren die kroatischen Könige
gekrönt. Das bekannteste Bauwerk von Nin ist die Heilig-Kreuz-
Kirche (Sveti Križ) im Stadtzentrum, ein beeindruckendes Zeugnis
altkroatischer Baukunst aus dem 9. Jh.

Linke Seite: Auf der Insel Vir findet man
noch viel unberührte Natur. Besonders
schön ist die Stimmung in den stillen
Morgen- und Abendstunden. Dann sieht
man noch häufig Fischer, die aufs Meer
hinausfahren und ihren Lebensunterhalt
– oder einen Teil davon – auf traditionelle
Weise verdienen.

ŠIBENIK

Šibenik, unter venezianischer Herrschaft kurzzeitig die größte Stadt Dalmatiens, liegt an der Mündung der nur rund 70 km langen Krka, die sich tief in das Dinarische Gebirge eingefräst und dabei eine Landschaft von wilder Schönheit geschaffen hat. In der hervorragend vor Wind und Wetter geschützten Bucht von Šibenik hat sich im Lauf der Jahrhunderte einer der größten Häfen Kroatiens entwickelt. Doch wegen des Hafens kommt kaum jemand in die erstmals 1066 urkundlich erwähnte Stadt, die zu den reizvollsten der östlichen Adria zählt: Der Hauptmagnet ist die Kathedrale Sveti Jakov, die seit dem Jahr 2000 zum UNESCO-Welterbe gehört.

Man findet das Gotteshaus in unmittelbarer Nähe von Seetor und Uferpromenade in der malerischen Altstadt von Šibenik. Verfehlen kann man die Kathedrale nicht, denn mit ihrer einzigartigen

Das Herzstück der malerisch an der Mündung der Krka gelegenen Stadt Šibenik ist zweifellos die Kathedrale Sveti Jakov, ein herrliches Beispiel kroatischer Kirchenarchitektur. In unmittelbarer Nähe findet man zahlreiche andere Sehenswürdigkeiten wie den Bischofspalast, den Rektorenpalast mit dem Städtischen Museum, die Stadtloggia und den Domplatz.

Von Juraj Dalmatinac stammen nicht nur die reich verzierten Torbogen der Kathedrale Sveti Jakov, sondern auch der Fries aus 74 Steinköpfen, der unbestritten zu den Glanzpunkten des Gotteshauses zählt. Dargestellt werden Zeitgenossen Dalmatinacs, die in Šibenik lebten. Es geht die Mär, dass Dalmatinac vorzugsweise diejenigen verewigte, die sich weigerten, einen angemessenen Obolus zum Bau der Kirche zu entrichten – ob diese Geschichte allerdings stimmt, sei dahingestellt.

Kuppel und dem von Nikola Firentinac konstruierten Tonnengewölbe aus ineinander greifenden Steinplatten, das ohne jegliche Verbindungsmaterialien auskommt, dominiert sie das Stadtbild.

Der Baubeginn der 1556 geweihten Kirche erfolgte im Jahr 1433. Etwa zehn Jahre später übernahm der in Zadar geborene, jedoch in Italien ausgebildete Baumeister Juraj Dalmatinac die Leitung des ehrgeizigen Projektes, für dessen Realisierung in erster Linie Kalkstein und Marmor von der Insel Brač zum Einsatz kamen. Ihm zu verdanken sind unter anderem der kreuzförmige Grundriss sowie die Anlage von Baptisterium, Chor und Sakristei.

Nach Dalmatinacs Tod im Jahr 1473 vollendete Nikola Firentinac den Bau und schuf mit dem tonnengewölbten Dach ein damals bahnbrechendes Meisterwerk.

KRKA-NATIONALPARK

Bei einem Urlaub in Norddalmatien gehört ein Abstecher in den Krka-Nationalpark eigentlich zum Pflichtprogramm – und weil man dort sogar in Sichtweite der Wasserfälle baden kann, werden auch Kinder von diesem Ausflug begeistert sein.

Der höchste Wasserfall im Nationalpark ist der Skradinski buk: Hier stürzt das Wasser über 17 Kaskaden insgesamt über 45 m in die Tiefe. Zwischen den Stufen, die aus Travertin bestehen, haben sich kleine, wassergefüllte Becken gebildet, die von einer dichten Vegetation umrahmt werden. In dem untersten Becken am Fuß des Skradinski buk erfrischen sich im Sommer viele Besucher des Nationalparks in den türkisblauen Fluten.

Nächste Seite: Auf ihrem vergleichsweise kurzen Weg zwischen der Quelle bei Knin und der Mündung bei Šibenik bildet die Krka Wasserfälle und Seen, in denen sogar das Baden erlaubt ist. Besonders malerisch präsentiert sich die Klosterinsel Visovac, auf die man mit dem Ausflugsboot gelangen kann.

Für Segler sind die Kornaten ein Traumrevier: Allein innerhalb der Grenzen des Nationalparks liegen 89 Inseln. Wenn man eine der unzähligen stillen Buchten anfährt, ist man oft ganz allein – zumindest außerhalb der Hauptsaison.

Rechte Seite: Von Zadar aus ist es nicht weit bis zur ruhigen und beschaulichen Insel Vir, die über eine Brücke mit dem Festland verbunden ist. Auch hier stößt man immer wieder auf Relikte aus der Vergangenheit, die von der bewegten Geschichte Kroatiens erzählen.

Ganz in der Nähe des Skradinski Buk warten Ausflugsboote darauf, die Gäste zur Klosterinsel Visovac, einer weiteren Attraktion des Krka-Nationalparks, zu bringen. Das idyllisch gelegene, 1445 gegründete Franziskanerkloster beherbergt ein Museum, zu dessen herausragenden Exponaten eine Ausgabe von Aesops Fabeln (15. Jh.) zählt.

Per Boot gelangt man auch zu einem weiteren eindrucksvollen Wasserfall, dem über 22 m hohen Roški slap, der aus zwölf Kaskaden besteht. Interessant sind hier die noch in Betrieb befindlichen traditionellen Wassermühlen, die die Kraft der Krka nutzen, um Getreide zu mahlen oder Tuch zu walken bzw. Wäsche zu spülen. Eine Ausstellung in den Mühlengebäuden gibt Aufschluss über das traditionelle Handwerk der Region.

KORNATEN-NATIONALPARK

Die der norddalmatinischen Küste vorgelagerte Inselwelt der Kornaten besteht aus den Gipfeln eines alten, inzwischen im Meer versunkenen Gebirges. Die noch in römischer Zeit bewaldeten Inseln präsentieren sich heute karg und sind in der Regel nicht ganzjährig bewohnt. Ein Problem stellt die Wasserversorgung dar, denn auf den Kornaten gibt es kaum Süßwasser – die Versorgung erfolgt über Tankschiffe.

Bei einer Überfliegung der Kornaten zählt man rund 150 Inseln und Riffe – ein Paradies für Wassersportler wie Segler, Surfer und Taucher, das jedoch wegen der Untiefen und Riffe einen routinierten Umgang mit der Seekarte verlangt. Das Tauchen auf eigene Faust ist im Nationalpark nicht überall erlaubt, es gibt jedoch viele Möglichkeiten, an geführten Tauchtouren teilzunehmen.

Für Individualisten, die es im Urlaub Robinson Crusoe gleichtun möchten, sind die Kornaten ein Ferienparadies, in dem man gleich eine ganze Insel für sich hat: Man kann dort einfache Häuser mieten, die zwar keinen Strom haben, dafür aber mit einer Kochgelegenheit, Lebensmitteln und einen Trinkwasservorrat ausgestattet sind. Wenn man dann am frühen Morgen oder Abend mit dem Boot, das zum Haus gehört, zum Fischen hinausfährt, ist man Robinson ein großes Stück näher gekommen – und freut sich am nächsten Tag umso mehr, wenn das Versorgungsschiff, das diese Unterkünfte regelmäßig anfährt, planmäßig am Horizont auftaucht.

Gute 50 km von Šibenik entfernt findet man das ebenfalls an der Krka gelegene geschichtsträchtige Knin, das im 11. Jh. Sitz der kroatischen Herrscher war. Hoch über der Stadt liegt die Festung Sveti Spas, die an kriegerische Zeiten erinnert.

In der Umgebung des malerischen Städtchens Primošten südlich von Šibenik erinnert noch vieles an die Zeit, in der man den Lebensunterhalt durch die Landwirtschaft und nicht durch den Tourismus erwirtschaftete.

In Dalmatien kommt man nicht nur in Punkto Kultur und Natur auf seine Kosten – auch für kulinarische Genüsse ist hinreichend gesorgt. Auf den Märkten findet man eine Fülle von frischem Obst und Gemüse, darunter auch Granatäpfel.

Auf der Insel Vir ist für eine Pause im Schatten und einen Schwatz mit den Nachbarinnen immer Zeit – für viele Menschen, deren Familien dort seit Generationen leben, ist Hektik nach wie vor ein Fremdwort.

Linke Seite: Die schmalen, lang gestreckten Felder bilden aus der Luft betrachtet ein farbenfrohes Mosaik. Hier werden Obst und Gemüse angebaut, um den Bedarf der Küstenstädte mit ihren zahlreichen Restaurants zu decken.

Dass die alten Sitten und Gebräuche auf Vir noch immer hochgehalten werden, zeigt der Rundtanz dieser traditionell gekleideten Frauen mit blütenweißen Kopftüchern. Und die Touristen freuen sich darüber auch, finden sie hier doch schönste Fotomotive!

Nächste Seite: Tiefblau ist das Meer, das die Inselwelt der Kornaten umspült. Im Kornaten-Nationalpark zwischen Zadar und Šibenik gilt es, eine fast unüberschaubare Fülle von Felseninseln, Klippen und stillen Buchten zu entdecken – ganz zu schweigen von der Unterwasserwelt, die immer mehr Taucher in ihren Bann zieht.

Mitteldalmatien

KALKSTEIN VON DER INSEL BRAČ
Bereits in der Antike wussten die Steinmetze die hervorragende Qualität des hell schimmernden Kalksteins zu schätzen, den man auf der Insel Brač abbauen konnte: Nicht umsonst wählte man ihn als Baustoff für den Diokletianpalast in Split. Auch in den Regierungs- und Repräsentationsbauten sehr viel später lebender Nationen wurde Bračer Sandstein verbaut, so etwa im Berliner Reichstag und im Weißen Haus in Washington.

Der mittlere Teil Dalmatiens beginnt nicht allzu weit westlich von Trogir und erstreckt sich bis ans südliche Ende der Makarska-Riviera, die vor der dramatischen Kulisse des steil aufragenden Biokovo-Massivs liegt. Auf dem Festland gehören neben den bekannten Städten Trogir und Split, die zum Weltkulturerbe der UNESCO zählen, auch die ehemalige Piratenhochburg Omiš, das geschichtsträchtige Sinj im Binnenland und die bekannten Badeorte an der Makarska-Riviera zu dieser beliebten Urlaubsregion.

Vielen Touristen bestens bekannt sind auch die mitteldalmatinischen Inseln Brač, Hvar, Šolta und Vis mit ihren Stränden und lebhaften Urlaubsorten. Die Inseln, von denen zwei zu den größten der Adria zählen, wirken insgesamt grüner und lieblicher als ihre Vettern in der Kvarnerbucht – man denke nur an die Lavendelfelder auf Hvar.

Die mitteldalmatinischen Inseln sind problemlos mit der Fähre zu erreichen; während der Hauptsaison im Hochsommer legen die Schiffe teilweise im Stundentakt in den Häfen an. Seit 1993 gibt es auf Brač sogar einen Flughafen. Touristisch mit Macht entwickelt hat sich die Insel, die lange Zeit nur wegen ihrer Steinbrüche bekannt war, ab den 1970er-Jahren: Damals baute man nämlich eine Wasserleitung zum Festland und versorgte die Insel, auf der es nur wenige Süßwasserquellen gibt, mit Wasser aus der Cetina.

SPLIT

Die Geschichte der größten Stadt Dalmatiens ist untrennbar mit dem Namen eines Mannes verbunden, der 245 n. Chr. in Salona, heute ein Vorort von Split, als Sohn eines Sklaven geboren wurde. Gemeint ist Diokletian, der es bereits im Alter von 39 Jahren zum mächtigsten Mann im Römischen Reich gebracht hatte. Der als grimmiger Christenverfolger bekannte Kaiser ließ sich im heutigen Split einen Altersruhesitz bauen, der wahrhaft majestätische Dimensionen aufwies und sich über ein Areal von 30 000 m² erstreckte.

Unmittelbar hinter der Uferpromenade erhebt sich die rund 180 m lange Südfassade der rechwinkligen Palastanlage, deren

Mauern die stolze Höhe von 18 m erreichen. Dort, wo heute die Grünanlagen, Geschäfte und unzähligen Cafés der Promenade zum Bummeln einladen, machten damals die kaiserlichen Schiffe direkt an der Palastmauer fest. Gleich hinter dem Seetor, über das die auf dem Wasserweg angereisten Gäste Diokletians den Palast betraten, lagen die kaiserlichen Privat- und Repräsentationsräume – erhalten sind leider nur noch die darunter befindlichen Gewölberäume, in denen heutzutage Ausstellungen stattfinden.

Das Zentrum der Palastanlage bildet das Peristyl, ein lang gestreckter, durch Arkaden und Säulen gezierter Platz. Wo Diokletian einst zu seinen Untertanen sprach, kann man heute in aller Ruhe Kaffee trinken und das historische Ambiente auf sich wirken lassen. Hierzu zählt in erster Linie die Kathedrale Sveti Duje, die sich aus dem Mausoleum Diokletians entwickelte und im 7. Jh. zur christlichen Kirche geweiht wurde. Im Inneren der kostbar ausgestatteten Kathedrale stehen auch die Sarkophage der beiden Stadtpatrone von

Neben dem Diokletianpalast, der große Teile der Altstadt einnimmt, zählt die Riva, eine bekannte Flaniermeile am Hafen, zu den Wahrzeichen von Split. An der von Palmen gesäumten Uferpromenade kommt niemand vorbei – zu groß ist die Versuchung, sich dort zu einem Kaffee oder Eis niederzulassen, in den Geschäften zu stöbern oder auch nur das fröhlich-bunte Treiben auf sich wirken zu lassen.

Split, Domnius und Anastasius. Beide Heilige starben zu Zeiten Diokletians den Märtyrertod – eine Ironie des Schicksals, dass sie ihre letzte Ruhestätte ausgerechnet in dessen Mausoleum fanden. Ebenso sehenswert wie die Sarkophage sind die spätromanische Kanzel und die mit meisterhaften Schnitzereien verzierte Domtür aus massivem Nussholz (beide 13. Jh.), die von Andrija Buvina stammt und Szenen aus dem Leben Christi zeigt.

Das Faszinierende am Diokletianpalast ist nicht nur sein wahrhaft riesiges Ausmaß, sondern auch die Tatsache, dass sich die Altstadt von Split in nachantiker Zeit zunächst innerhalb der Palastmauern entwickelte. Die im Lauf der Jahrhunderte zerfallenden Palastgebäude wurden einerseits überbaut, andererseits in neu entstehende Häuser integriert. Auf diese Weise entwickelte sich ein Nebeneinander verschieden alter Gebäudekomplexe, das seinesgleichen sucht: Die überraschend gut erhaltene Altstadt von Split steht nicht ohne Grund auf der Liste des UNESCO-Weltkulturerbes.

Ab dem Mittelalter wuchs Split über die Mauern hinaus, in denen Diokletian sein letztes Lebensjahrzehnt verbracht hatte: Im Westen des Palastes entstand ein neuer Stadtbereich mit sehenswerten Gebäuden aus verschiedenen Stilepochen. Zu den schönsten Plätzen zählt der Volksplatz (Narodni trg), wo man unter anderem das Rathaus (15. Jh.), die Überreste der Loggia (14./15. Jh.) und diverse Palais bewundern kann.

Einen besonders schönen Blick auf den historischen Stadtkern genießt man vom westlich der Altstadt gelegenen Marjan-Hügel aus. Der von Spazierwegen durchzogene schattige Park dient den Einwohnern von Split als Erholungsgebiet und füllt sich nach Feierabend mit Menschen, die der Hitze der Stadt entfliehen wollen.

TROGIR

Anders als viele ehrwürdige Städte an Kroatiens Küste ist Trogir keine römische, sondern eine griechische Gründung. Wer durch die malerisch auf einer Insel zwischen dem Festland und der Insel Čiovo gelegene Altstadt schlendert, könnte sich fast in einem Freilichtmuseum wähnen: Hervorragend erhaltene Kirchen, Paläste und Bürgerhäuser versetzen einen in die Zeit zwischen dem 13. und dem 17. Jh. – Grund genug, das Altstadtensemble 1997 als UNESCO-Kulturerbe auszuweisen.

Im 10. Jh. wurde die Kirche Sveti Duje zur Kathedrale des Bistums Split. Noch heute erregt die von Andrija Buvina geschaffene Domtür Bewunderung. Ebensoviel Beachtung verlangt das von Juraj Dalmatinac gefertigte Relief am Altar des hl. Anastasius, das die Geißelung Christi zeigt (Foto).

Linke Seite: Das Herz des alten Split schlägt innerhalb der Mauern des gigantischen Palastes, den sich der in Dalmatien geborene römische Kaiser Diokletian zwischen 295 und 305 n. Chr. als Altersruhesitz erbauen ließ. Bei einem Bummel durch den östlichen Teil der Altstadt stößt der Besucher auf Schritt und Tritt auf Reste der römischen Bausubstanz.

Das Prunkstück der Altstadt, die man in der Regel durch das Landtor betritt, ist zweifellos die Kathedrale Sveti Lovro, an der über 400 Jahre gebaut wurde. Sie liegt am Hauptplatz Trg Ivana Pavla II, der von Ćipiko-Palast, Rathaus, Loggia und Uhrturm (alle 15. Jh.) umrahmt wird. Die Grundsteinlegung der dreischiffigen Basilika erfolgte 1123, demzufolge sind die ältesten Bauabschnitte der Romanik verpflichtet. Ein herrliches Beispiel romanischer Bildhauerkunst stellt das zum großen Teil von Meister Radovan, seinerzeit der profilierteste Bildhauer der Region, gestaltete Hauptportal dar. Hier sollte man sich Zeit nehmen, um die dargestellten Szenen in Ruhe zu studieren: Neben Adam und Eva findet man Heiligenfiguren sowie eine Darstellung der Geburt Christi.

Im Inneren der Kathedrale beeindrucken u. a. eine ebenfalls aus der Romanik stammende achteckige Steinkanzel (13. Jh.) und das kunstvoll gearbeitete Chorgestühl aus dem 15. Jh. Ein weiteres Prunkstück der Kirchenarchitektur findet man im nördlichen Schiff, wo im 15. Jh. die Johanneskapelle (Sveti Ivan Ursini) angebaut wurde – ein Meisterwerk der Renaissance, an dem auch Nikola Firentinac beteiligt war. Benannt wurde die Kapelle nach Bischof Johannes, dessen Gebeine in einem von zwei Engeln bewachten gotischen Sarkophag ruhen.

Die als UNESCO-Kulturerbe ausgewiesene Altstadt von Trogir ist komplett vom Wasser umschlossen. Brücken schaffen die Verbindung zum Festland und zur Insel Čiovo. Nach einem Bummel durch den mittelalterlichen Stadtkern mit der herrlichen Kathedrale Sveti Lovro rundet die Besichtigung der venezianischen Festung Kamerlengo einen Besuch in Trogir ab.

OMIŠ

Dort, wo die Cetina das Gebirge in einer spektakulären Schlucht durchbricht und sich ihren Weg ins Meer ertrotzt, liegt das Städtchen Omiš. Hinter den Häusern ragen die Felswände teilweise beeindruckend steil empor. Dank seiner prachtvollen Naturkulisse wird Omiš immer beliebter; nicht zuletzt wegen der schönen Wander- bzw. Raftingtouren, die man im Tal der Cetina unternehmen kann. Legendär ist auch die Vergangenheit des Ortes als Piratennest – die Seeräuberei wurde hier in so großem Stil betrieben, dass sogar das stolze Venedig nicht umhin kam, Tribut zu zahlen, um die sichere Passage seiner Schiffe zu gewährleisten.

Den schönsten Blick auf Omiš muss man sich erarbeiten: Wer den Aufstieg zu der im 16./17. Jh. erbauten Festung Fortica auf sich nimmt, wird mit einem herrlichen Ausblick auf die Cetina-Schlucht, Omiš und die dalmatinischen Inseln belohnt.

Nicht verpassen sollte man auch einen Besuch in der altkroatischen St. Peterskirche gegenüber von Omiš auf der anderen Seite der Cetina: Das einschiffige Bauwerk aus dem 10. Jh. gilt als Juwel unter den Kirchen der damaligen Zeit.

Angesichts der Schutzlage von Omiš an der Mündung der Cetina überrascht es nicht, dass der kleine Ort jahrhundertelang als Seeräuberhochburg galt. Von der einst starken Befestigung des Piratennestes legen die noch erhaltenen Teile der Stadtmauer, ein quadratischer Turm und die Festung Fortica beredtes Zeugnis ab.

MAKARSKA-RIVIERA

Am Fuß des schroff aufragenden
Biokovo-Massivs liegt ein land-
schaftlich sehr reizvoller Küsten-
strich, der sich – ungewöhnlich
für Kroatien – durch zahlreiche
Sand- und Kiesstrände auszeich-
net: Nicht umsonst zählt die Makarska-Riviera zu den beliebtesten
Baderevieren Dalmatiens. Benannt
wurde der Küstenabschnitt nach
dem Städtchen Makarska, das in
einer hufeisenförmigen Bucht liegt.
Doch nicht nur dort, sondern auch
in den umliegenden Ortschaften wie
Brela, Baška Voda, Igrane, Tučepi
und Podgora hat der Fremden-
verkehr Einzug gehalten. Aus den
ehemaligen Fischerdörfern sind
heute Hochburgen des Pauschal-
tourismus geworden, doch abseits ausgetretener Pfade findet
man durchaus noch unberührte
Natur.

Das gepflegte Seebad Brela unter-
halb der Küstenstraße überrascht
den Besucher mit einer besonderen
Laune der Natur: Dort treten am
Meeresgrund zahlreiche Süßwasserquellen aus, wodurch das
Wasser eine spezielle Färbung
bekommt.

Und wen es nach erholsamen
Tagen am Strand ins Grüne zieht,
findet in dem verkarsteten Biokovo-
Massiv gut erschlossene Wander-
wege vor. Neben typischen Karst-
höhlen gibt es hier auch seltene
Pflanzen zu entdecken.

MITTELDALMATINISCHE INSELN

Zu den bekanntesten dieser Inseln gehören Brač, das sogar einen Flughafen besitzt, das durch seine Lavendelfelder berühmte Hvar und die wegen ihrer Weine gepriesene Insel Vis, wo man köstliche Tropfen wie den roten Plavac und den weißen Vugava keltert.

Brač, die drittgrößte Insel der Adria, punktet nicht nur durch den schönsten Strand der Region, sondern kann sich auch des höchsten Gipfels der Adria rühmen: Von dem 778 m hohen Vidova Gora bietet sich ein prachtvoller Blick über das Goldene Horn bis zur Insel Hvar. Von dem Städtchen Bol an der Südküste aus lässt sich der Gipfel in rund zwei Stunden erklimmen. Wem dies zu mühsam ist, nimmt einfach das Auto!

Die meisten Touristen, die per Schiff nach Brač kommen, gehen im Hafen von Supetar an Land. Das Städtchen im Nordwesten der Insel ist die nach Bol wichtigste Touristenhochburg von Brač. In der Altstadt, die durch ihre Natursteinhäuser besticht, gibt es keinen

Das Städtchen Supetar ist in der Regel das Erste, was die Touristen von der Insel Brač zu sehen bekommen. Beim Anblick von Palmen, sanft auf dem Wasser schaukelnden Booten und den schönen Natursteinhäusern, die den Hafen umrahmen, lässt das Urlaubsgefühl nicht lange auf sich warten.

Autoverkehr, sodass man ganz in Ruhe durch die Gassen bummeln und in den zahlreichen Cafés das mediterrane Flair auf sich wirken lassen kann.

Anders als Brač, doch nicht weniger reizvoll, präsentiert sich die Insel Hvar, wo den Meteorologen zufolge die meisten Sonnenstunden Kroatiens gezählt werden. Bei einer Fahrt über die Insel begeistern Weinberge, Rosmarin- und Lavendelfelder sowie Orangen- und Zitronenhaine. Immer wieder bieten sich atemberaubende Ausblicke auf das Meer und die malerischen kleinen Buchten, die es trotz des Touristenansturms auf Hvar noch immer gibt.

Zu den interessantesten Orten auf Hvar gehört die gleichnamige Inselhauptstadt. Neben der Besichtigung der Baudenkmäler sollte man sich ausreichend Zeit zum Flanieren und Promenieren nehmen – im schicken Hvar steht dies nämlich an erster Stelle. Passanten, die dem Motto „sehen und gesehen werden" frönen, findet man mit Sicherheit am Hafen, wo luxuriöse Jachten für entsprechendes Ambiente sorgen, und am Hauptplatz Trg Svetog Stjepana, einer im venezianischen Stil gehaltenen, von geschichtsträchtigen Gebäuden gesäumten Piazza, die sich zum Hafen hin öffnet.

Bei einem Ausflug in die Inselhauptstadt Hvar lädt der Hauptplatz Trg Svetog Stjepana zum Atmosphäre schnuppern ein: In einem der zahlreichen Cafés lässt sich das bunte Treiben in Ruhe beobachten.

Durch den Tourismus sehr viel weniger geprägt als Brač und Hvar erweist sich die Insel Vis, die Historikern ein Begriff ist: 397 v. Chr. entstand dort die erste griechische Kolonie der östlichen Adria. Das rasch aufblühende Issa gründete alsbald seinerseits Kolonien auf dem Festland, so etwa Tragurion, das heutige Trogir. In römischer Zeit schwand der Einfluss Issas, allerdings blieb die Lage der Insel über Jahrhunderte hinweg von strategischem Interesse: 1866 fand hier die berühmte Seeschlacht von Lissa zwischen Italienern und Österreichern statt.

Noch vor zwei Jahrzehnten war Vis ein für Ausländer gesperrter Marinestützpunkt und blieb damit von den Auswüchsen des Massentourismus verschont. Interessant ist neben der Erkundung der Inselhauptstadt Vis (Issa) eine Besichtigung der Tito-Höhle, die bis 1944 der jugoslawischen Volksbefreiungsarmee als Hauptquartier diente. Ebenso lohnt ein Besuch im Fischerstädtchen Komiža – von dort aus kann man nach Biševo übersetzen und die berühmte Blaue Grotte besichtigen. Der beste Zeitpunkt für einen Ausflug dorthin ist der späte Vormittag zwischen 11 und 12 Uhr, wenn das Innere der Grotte in ein fast unwirkliches Blau gehüllt ist.

Rechte Seite: Das „Goldene Horn" gilt vielen Kroatienfans als schönster Strand des ganzen Landes. Auf der Insel Brač, 2 km nördlich vom Hafen von Bol, schiebt sich eine über 600 m lange Landzunge ins Meer hinaus. Der herrliche Strand von Zlatni rat ist für Kinder ideal und wegen der guten Windverhältnisse auch unter Surfern ein Geheimtipp. Und dies wird in Zukunft auch so bleiben, denn die Spitze des Goldenen Horns wächst von Jahr zu Jahr um derzeit rund 30 cm.

Wer die Insel Brač abseits ausgetretener Pfade erkundet, trifft immer wieder auf Behausungen aus Naturstein, ein Baumaterial, das auf der größten der dalmatinischen Inseln im Überfluss zu finden ist.

Nächste Seite: Die malerisch am Fuß des Biokovogebirges gelegene Stadt Makarska stand Pate für einen ganzen Küstenabschnitt – die Makarska-Riviera nämlich. Makarska selbst ist das touristische Zentrum dieser von Badeurlaubern hoch geschätzten Region.

Linke Seite: Noch immer findet man an der dalmatinischen Küste – wie hier in Brela – Postkartenmotive, die vieles von dem vereinen, was man sich im Urlaub wünscht: tiefblaues Wasser, einsame Strände und ab und zu ein bisschen Schatten.

Das 5 km von Split entfernte Salona – einst die wichtigste Stadt des römischen Dalmatien – ist heute eine bekannte Ausgrabungsstätte, die unter anderem Funde aus römischer Zeit birgt. Zeugnis von der großen Kunstfertigkeit der damaligen Künstler legt der Kopf dieser jungen Frau ab, der aus dem 1. Jh. stammt.

Festungsähnlich in die Felswand gemauert ist die Einsiedelei Blaca auf der Insel Brač. Sie wurde von Mönchen gegründet, die sich vor türkischen Angriffen vom Festland hierher in Sicherheit brachten. Im 20. Jh. wurde die Einsiedelei als Sternwarte genutzt, heute beherbergt sie ein kleines Museum.

Süddalmatien und Dubrovnik

DALMATINISCHE KÜCHE
Früher setzte man auch in den Küstenregionen Kroatiens kulinarisch auf Fleisch, doch inzwischen haben sich die Küchenchefs auf den (einstigen) Reichtum des Meeres besonnen: In dalmatinischen Restaurants werden hervorragende Fischgerichte serviert. Auf der Speisekarte findet man unter anderem Thunfisch, Tintenfisch, Makrelen, Sardinen, Zahn- und Goldbrassen – und natürlich Muscheln und Krebse. Dazu ein leichter Weißwein – und perfekt ist das Urlaubsglück.

Der schmale Küstenstreifen Süddalmatiens beginnt südlich der Insel Hvar, die noch zu Mitteldalmatien zählt, und erstreckt sich bis zur Grenze nach Montenegro. Wer an der süddalmatinischen Küste entlang fährt, passiert in der Nähe des Neretva-Deltas einen Landesteil, der nicht zu Kroatien, sondern zu Bosnien und Herzegowina gehört und sich bis zur Küste vorschiebt – dort liegt der einzige Zugang dieses Staates zum Meer.

Die bekannteste Attraktion Süddalmatiens ist natürlich Dubrovnik, von dem britischen Romantiker Lord Byron als „Perle der Adria" gepriesen. Obwohl der Glanz dieser Metropole in der Tat sehr hell strahlt, bleibt doch Raum für den Zauber der anderen Sehenswürdigkeiten, die es an der Küste und auf den Inseln zu entdecken gilt. Hierzu zählt neben den größeren Inseln Korčula, Lastovo und Mljet auch die lang gestreckte Halbinsel Pelješac, die für ihre ausgezeichneten Weine bekannt ist. Feinschmecker werden auch die Austern zu schätzen wissen, die man dort fangfrisch genießen kann.

In unmittelbarer Nähe von Dubrovnik laden die Elaphitischen Inseln Lopud, Šipan und Koločep zu einem ruhigen und beschaulichen Aufenthalt ein – ein wohltuender Kontrast zu der pulsierenden Lebensfülle der Metropole. Kleine Fischerdörfer, wenig besuchte Strände und schattige Pinienwälder erwarten den Besucher der Inseln, deren Bewohner zum großen Teil nur im Sommer dort leben und sich im Winter aufs Festland zurückziehen.

DUBROVNIK

Die Festungsstadt Dubrovnik mit ihren Kirchen und Klöstern, Palästen und Brunnen, Cafés und Restaurants steht bereits seit 1979 auf der Liste des UNESCO-Weltkulturerbes und gilt als eines der beliebtesten Reiseziele im Mittelmeerraum. Dem Zauber der Altstadt, die im Norden von dem 412 m hohen „Hausberg" Srđ überragt wird und im Osten, Süden und Westen von Wasser umschlossen ist, kann sich wohl kaum ein Besucher entziehen.

Die Erkundung von Dubrovnik beginnt man nicht in, sondern über der Stadt – nämlich auf den rund 25 m hohen, durchgängig begehbaren Festungsmauern, die die Stadt einschließen und (fast) uneinnehmbar machten. Die Mauern sind auf der Landseite bis zu 6 m stark und durch Türme und Festungen verstärkt. Von dort bietet sich ein prachtvoller Blick auf die Ziegeldächer der Stadt, deren unterschiedliche Rottöne von den Schäden erzählen, die insbesondere 1991 und 1992 durch serbischen Artilleriebeschuss entstanden sind. Inzwischen hat man die sichtbaren Narben mit geschickter Hand aus dem Stadtbild entfernt – geblieben sind nur subtile Farbunterschiede zwischen Alt und Neu.

Bei einem Spaziergang entlang der rund 2 km langen Stadtmauer bekommt man einen guten Eindruck von der Stadtanlage. Zunächst fällt eine schnurgerade, mehr oder weniger von West nach Ost verlaufende Achse auf, die Dubrovnik in eine Nord- und eine Südhälfte unterteilt. Hier verlief vor vielen Jahrhunderten ein

450 Jahre lang schaffte es die Stadtrepublik Dubrovnik, ihre Unabhängigkeit zu verteidigen – nicht zuletzt dank der Verteidigungsanlagen, die Dubrovnik nahezu uneinnehmbar machten. Heute tragen sie zur Faszination der süddalmatinischen Metropole bei, die seit knapp 30 Jahren als UNESCO-Weltkulturerbe ausgewiesen ist.

Bei einem Spaziergang durch das alte Dubrovnik bieten sich immer wieder schöne Ausblicke auf prachtvolle Plätze, ehrwürdige Kirchen oder die Häuser reicher Kaufleute, deren Geschäftsverbindungen Dubrovnik zu einer bedeutenden Handelsmacht aufsteigen ließen. Dieses Denkmal im Zentrum erinnert an den kroatischen Dichter Ivan Gundulić.

Meereskanal, der zwei Siedlungen voneinander trennte, nämlich Ragusa und Dubrava, die erst ab dem 7. Jh. zusammenwuchsen. An die Stelle des seit Langem zugeschütteten Kanals ist heute die Hauptstraße und Flaniermeile Dubrovniks getreten – die von unzähligen Geschäften flankierte Stradun.

Im 12. Jh. begann man mit der Befestigung der rasch aufblühenden Stadt und schuf auf diese Weise den Grundstein für die einzigartige Wehranlage, die bis zum 17. Jh. immer weiter verstärkt und ausgebaut wurde. Im späten Mittelalter entstand rings um die gotische Befestigung ein zweiter Maurerring, dazu Bastionen und Festungen: Im Westen sollte das Fort Bokar (15. Jh.) feindliche Übergriffe abwehren, im Osten – dort, wo sich die Altstadt zum Hafen hin öffnet – Fort Revelin (16. Jh.) und Fort Sveti Ivan. In Letzterem ist heute ein hochinteressantes Schifffahrtsmuseum untergebracht. Aus Gründen der Sicherheit hielt man auch die Zahl der Stadttore gering: In Dubrovnik gibt es nur zwei, nämlich das Pile-Tor am Westende der Hauptstraße (Stradun) und das Ploče-Tor unweit der Festung Revelin im Nordosten der Stadt.

Schon bald zeigte sich, dass Dubrovnik (oder Ragusa, wie die Stadt damals hieß) seiner überaus kostspieligen Befestigung würdig war: Nachdem die Stadt das venezianische Joch abgeschüttelt hatte und

1438 schuf Onofrio della Cava den Großen Onofriobrunnen in der Nähe des Pile-Tores. 16 Wasserspeier zieren dieses herrliche Renaissancebauwerk, das den Endpunkt eines bereits damals vorhandenen Wasserversorgungssystems bildet.

Vorhergehende Seite: Prachtvoll ist der Blick auf Dubrovnik, der sich von den Höhen nordöstlich der Stadt aus bietet. Der alte Stadthafen wird im Süden von Fort Sveti Ivan, im Norden von Fort Revelin bewacht.

Im Süden der Festungsstadt, auf der Seeseite, scheinen die Verteidigungsmauern teilweise direkt aus dem anstehenden Fels emporzuwachsen. Während die Mauern auf der Landseite 4–6 m dick sind, hielt man auf der Seeseite eine Stärke von 1,5–3 m für ausreichend.

1358 unabhängig geworden war (zur Geschichte Ragusas siehe Seite 18), erlebte sie eine Blütezeit ohnegleichen – nicht nur als Handelsmacht, sondern auch in Bezug auf Kunst und Wissenschaft. Zu den größten Katastrophen, die die Republik Ragusa heimsuchten, zählt das verheerende Erdbeben vom 6. April 1667, das große Teile der Stadt zerstörte.

Wer von der Stadtmauer herabsteigt und die Stradun entlang bummelt, findet an ihrem Westende gleich zwei Klöster – das der Franziskaner und das der Klarissinnen. Im Franziskanerkloster sollte man einen Blick in die original erhaltene Apotheke aus dem 14. Jh. werfen – eine der ältesten Europas. Am Ostende der Stradun beeindrucken unter anderem der Uhrturm, der einst die Sitzungen der Stadtherren einläutete, die Kathedrale Mariä Himmelfahrt (Sveta Gospa) und natürlich der Rektorenpalast, in dem heute das Stadtmuseum untergebracht ist. Zugänglich sind auch die Räume des Rektors – im Kabinett sind die Schlüssel der Stadttore zu bewundern, die sich in der Obhut des Rektors befanden.

KORČULA

Vielleicht nicht mit Dubrovnik zu vergleichen, aber dennoch weltberühmt ist das Städtchen Korčula auf der gleichnamigen Insel: Der
hervorragend erhaltene mittelalterliche Stadtkern zählt zu den
schönsten im gesamten Mittelmeergebiet. Die Einwohner von Korčula sind felsenfest davon überzeugt, dass hier im 13. Jh. der venezianische Reisende und Kaufmann Marco Polo geboren wurde – ob
diese Annahme allerdings stimmt, darf bezweifelt werden.

Früher lebte man auf der knapp 50 km langen und maximal 8 km
breiten Insel Korčula von Landwirtschaft und Schiffbau; heute stellt
der Tourismus die Haupteinnahmequelle dar. Dafür sorgen das milde Klima und die schönen Strände der überraschend grünen Insel –
bei Lumbarda am östlichen Ende der Insel gibt es sogar einen weit-
läufigen Sandstrand.

Zum Pflichtprogramm der Korčula-Urlauber gehört ein Besuch der
Inselhauptstadt, die wie so viele Städte an der Adria auf einer Halbinsel angelegt wurde. Sie hat die Form eines Hufeisens und ist an der
offenen Seite mit dem Festland verbunden. Dort befindet sich das in
einen zinnenbewehrten Turm integrierte Landtor, das den Haupt-

An der Westküste von Korčula liegt
der Hafen Vela Luka in einer tief ein-
geschnittenen Bucht. Vela Luka ist der
größte Ort der Urlaubsinsel, lebt jedoch
nicht nur vom Tourismus, sondern auch
vom Schiffsbau, von der Fisch- und
Olivenverarbeitung sowie vom Weinbau.

zugang zur Stadt bildet. Im Turm informiert eine Dauerausstellung über die wohl berühmteste Tradition Korčulas – den Moreška-Säbeltanz, der während der sommerlichen Hauptsaison zweimal pro Woche aufgeführt wird.

Am Landtor beginnt die bis zur Spitze der Halbinsel verlaufende Mittelachse der geplant angelegten Altstadt – von ihr zweigen fast alle anderen Straßen ab. An dieser Mittelachse liegen die wichtigsten Gebäude, so etwa die imposante Markuskathedrale (Sveti Marko), der Bischofspalast mit Schatzkammer sowie der Arneri- und der Gabrielli-Palast, der heute als Museum dient. Kunstfreunden sei eine Besichtigung der Markuskathedrale aus dem 15./16. Jh. ans Herz gelegt: Das Innere birgt unter anderem zwei Werke des berühmten venezianischen Malers Jacopo Tintoretto (1519–94), der in jungen Jahren ein Schüler Tizians war. Das Gemälde *Die Heiligen Markus, Hieronymus und Bartholomäus*, vermutlich ein Jugendwerk des Meisters, ist hinter dem Altar an der Apsiswand zu bewundern, die *Verkündigung* im südlichen Seitenschiff.

Faszinierend ist der Erhaltungszustand des mittelalterlichen Befestigungsringes, der sich um die Altstadt zieht. Seine trutzigen Wehrtürme vermitteln ein Bild davon, wie ernst die Handelsmacht Venedig, die zwischen 1420 und 1797 auf Korčula herrschte, die Verteidigung der Insel nahm. Da die mittelalterliche Stadt aufgrund ihrer Lage auf einer Halbinsel weder in die Länge noch in die Breite wachsen konnte, präsentiert sich die Bebauung eng und gedrängt, was dem Charme Korčulas jedoch keinen Abbruch tut. Bei einem Bummel durch die schmalen Gassen trifft man nordöstlich von Sveti Marko irgendwann auch auf das angebliche Geburtshaus von Marco Polo, der vielleicht berühmtesten Persönlichkeit der Insel.

VELIKI STON UND MALI STON
Von der Insel Korčula nur durch einen schmalen Kanal getrennt ist die Halbinsel Pelješac. Mit einer Länge von rund 65 km und einer Breite von nur 2,5 bis 7 km ist sie die nach Istrien zweitgrößte Halbinsel Kroatiens.

Seit der Antike wird auf Pelješac Salz abgebaut; schon die Illyrer und später die Römer gewannen hier das kostbare „weiße Gold". Im 14. Jh. ging die Halbinsel in den Besitz Dubrovniks über. Die Stadtrepublik wusste den Wert der Salzgärten, die bei der Stadt Ston

Wenn man nach der Besichtigung der Baudenkmäler durch die schattigen Gassen Korčulas schlendert, entdeckt man immer wieder reizvolle Details, zu denen auch dieser Durchgang gehört.

Linke Seite: Die Markuskathedrale aus dem 15./16. Jh. im Herzen Korčulas dominiert die im 13. Jh. planmäßig angelegte Stadt. Sie ist das architektonisch bemerkenswerteste Baudenkmal der hervorragend erhaltenen Altstadt. Die kunstvoll ausgeführten Steinmetzarbeiten verdeutlichen das hohe handwerkliche Niveau der damaligen Zeit.

liegen, nur zu gut zu schätzen: Man geht davon aus, dass Dubrovnik daraus rund zwei Drittel seiner Einnahmen bezog. Angesichts dieser Tatsache verwundert es kaum, dass die Herren Dubrovniks keine Mühe scheuten, um die Halbinsel vor feindlichen Angriffen zu schützen, und eine Wehrmauer errichteten, die an Imposanz zu damaliger Zeit nur von der Chinesischen Mauer übertroffen wurde.

Erleichtert wurde das gigantische Bauvorhaben durch die Lage der Stadt Ston an einer lediglich 1,3 km breiten Landenge, die den Zugang zur Halbinsel Pelješac bildet. Der Teilort Maliki Ston befindet sich am nördlichen Ufer dieser Landenge, das größere Veliki Ston an ihrem südlichen. Nachdem man zunächst überlegt hatte, Pelješac durch einen Kanaldurchstich zu einer Insel zu machen, kam man auf eine bessere Idee: Zwischen Maliki und Veliki Ston entstand eine 5,5 km lange Wehrmauer, die mit insgesamt 40 Wehrtürmen und sieben Bastionen verstärkt wurde. Hinzu kamen Festungen in Maliki und Veliki Ston sowie auf dem Hügel Podzvizd. Auf diese Weise

Zu den Hauptattraktionen der kleinen Ortschaft Ston auf der Halbinsel Pelješac zählen die Salinen, in denen auch heute noch Salz abgebaut wird.

wurde die Einnahme von Ston unmöglich – doch die Pflege und Erneuerung der Wehranlagen stellten eine stetige Herausforderung dar, der die Republik Ragusa jedoch über viele Jahrhunderte gewissenhaft nachkam.

Die Wehranlage von Ston ist heute noch sehenswert, obwohl sie nach dem Fall der Republik Ragusa teilweise abgetragen wurde. Inzwischen hat man sich jedoch auf den Wert dieses unvergleichlichen Baudenkmals besonnen und tut viel für seinen Erhalt.

Pelješac hat übrigens nicht nur kulturhistorisch, sondern auch kulinarisch einiges zu bieten: In Maliki Ston züchtet man heute Muscheln, die man auf den Speisekarten vieler Restaurants findet. Auch Weinkennern ist die von der Sonne verwöhnte Halbinsel ein Begriff: Von hier stammt der köstliche Dingač, ein Spitzenrotwein mit einem Alkoholgehalt von 13–15 Volumenprozent. Gekeltert wird der köstliche Tropfen aus den Trauben der Rebsorte Plavac Mali, die auf den Südhängen der Halbinsel gedeiht.

Das Städtchen Ston, das aufgrund seiner Salzgärten von großer wirtschaftlicher Bedeutung für die Republik Ragusa war, wurde 1996 von einem verheerenden Erdbeben getroffen. Inzwischen sind die meisten Häuser wieder aufgebaut.

Malerische Palmen, wärmende Sonnenstrahlen, auf dem Wasser schaukelnde Boote und eine so gut erhaltene Inselhaupt, wie man sie sich nur wünschen kann: Dies alles findet man auf der charmanten süddalmatinischen Insel Korčula, die sich nicht ohne Grund großer Beliebtheit bei den Touristen erfreut.

In sattem Grün präsentiert sich das Delta der insgesamt 218 km langen Neretva, die in Süddalmatien bei Metković in die Adria mündet. Obwohl das Gelände überwiegend sumpfig ist, eignet es sich in Gunstlagen zum Anbau von Südfrüchten. Außerdem stellt es einen hervorragenden Lebensraum für selten gewordene Tiere dar.

Nächste Seite: Die auf der Halbinsel Pelješac gelegenen Orte Mali Ston und Veliki Ston wurden schon vor vielen Jahrhunderten durch eine gewaltige, 5 km lange Wehrmauer miteinander verbunden, um auf diese Weise die Salinen von Ston besser gegen feindliche Angriffe schützen zu können.

Ganz in der Nähe von Mali Ston auf der Halbinsel Pelješac liegt diese winzige Insel wie ein kleines Bollwerk im Meer. Bestechend ist die Farbe des Wassers rund um das Eiland: Dort, wo es flach ist, präsentiert sich das Meer an den vielen Sonnentagen, mit denen Süddalmatien gesegnet ist, in einem herrlichen Türkisblau.

Linke Seite: Abseits der zu jeder Tageszeit bevölkerten Flaniermeile Stradun laden die malerischen Gassen der Altstadt von Dubrovnik zu Entdeckungsreisen abseits ausgetretener Pfade ein. Wer die Mühe auf sich nimmt, die mitunter steilen Sträßchen zu erklimmen, wird mit immer wieder neuen Ausblicken belohnt.

Bildnachweis

Interfoto: Friedrich 72/73.

mauritius images: imagebroker 44/45; Rene Mattes 87.

picture-alliance: dpa 17; Bildagentur Huber 50, 116/117.

Alle weiteren Fotos **Josip Madračević.**